JN272747

中小企業の
会計要領と実務

平川忠雄［監修］
平川会計パートナーズ［編著］

中島孝一
西野道之助
岡本博美
飯塚正幸
佐々木京子

税務経理協会

まえがき

　『中小企業の会計に関する基本要領（中間報告）』が公表され，従来の「中小企業会計指針」に変わるものとして，広く非上場企業に適用される新しい会計通則がスタートします。

　基本要領は，『中小企業の実態に即した新たな中小企業の会計処理のあり方を示しているものであり，中小企業に適用される会計通則は，中小企業の特性を踏まえ，中小企業の活性化に資す観点からとりまとめる必要があり，経営者にとって理解し易く，作成事務が最小限で対応可能であり，簡素で安定的なものであることを指向すべきであるとし，また現行の確定算主義を前提としたうえで，中小企業の実態を踏まえて法人税法の取扱いに配慮しつつ適切な利益計算の観点から会計基準のあり方の検討を行うことが適当である。また，会法に定める一般に公正妥当と認められる企業会計の慣行に該当するよう留意する』との視点から纏められた新時代の会計通則であります。

　今後，中小企業の財務諸表の基準とな経営状況の分析や信用度の指針になり，税務申告や銀行融資などの必然的ルールとなることが予測されます。制度がスターけるこの機会に，本書において「新しい中小企業の会要領」を根源的に解説いたします。

　本基本要領が制定された経緯については，非上場企業，特にその大部分を占める中小企業の会計に関する検討が行われ，平成22年8月に非上場会社の会計基準に関する懇談会（企業会計基準委員会等の民間団体），同年9月に中小企業の会計に関する研究会（中小企業庁）の報告書がとりまとめられました。

　懇談会報告書においては，『一定の区分に該当する会社群に適用する会計指針は，その中小企業に実態に即し，経営者に容易に理解されるもので，国際会計基準の影響を受けず，法人税法に従った処理に配慮するとともに，会社法第431条の一般に公正妥当と認められる企業会計の慣行に該当するよう留意する』としています。

研究会報告書においては,「中小企業の成長に資するものであるべきという点を議論の出発点とすることが重要である」として,「中小企業の会計処理のあり方は，一般に公正妥当と認められる企業会計の慣行であって，経営者が理解でき，自社の経営状況を適切の把握できる"経営者に役立つ会計，利害関係者と繋がる会計，法務・税務に配慮した会計，実行可能な会計"であるべき」としています。

　このような，新たな会計指針・新たに中小企業の会計処理のあり方を示す「会計ルール」を取りまとめるべき等の方向性が示されました。これを受けて，その策定主体について，中小企業関係者等が中心となって取りまとめ，関係省庁が事務局を務めるべきである等の提言がされました。

　研究会及び懇談会の報告書を受ける策定主体として，平成23年2月に，「中小企業の会計に関する検討会」が設置され，さらにこの検討会の議論を支えるものとしてワーキンググループが設置され，これらの委員は中小企業関係者，会計専門家，学識経験者で構成され，加えて金融庁，中小企業庁が事務局となり，法務省がオブザーバーとして参加しています。

　ワーキンググループは，平成23年2月から9回の委員会を開催して，中小企業の実態に即した新たな中小企業の会計処理のあり方を検討しました。その検討結果は，同年10月28日の検討会において,「中小企業の会計に関する基本要領（案）」がとりまとめられ，基本要領の原案の公表において，広く意見を募るためパブリックコメントの手続に付することとし，意見募集期間を11月8日から12月7日にして意見の募集がなされ,「36の法事及び個人から152件の意見」という多数の提案と詳細な指摘と内容あるオピニオンが提出され，この検討結果を受けてワーキンググループと検討会の会合が開催され，平成24年1月27日の第3回検討会において,『中小企業の会計に関する基本要領（中間報告）』がとりまとめられました。

　『中小企業の会計に関する基本要領（中間報告）』が，これらの慎重な手順を踏んで制定された事由としては，新たな「中小企業の会計に関するベーシック・ルール」として，会社法・税法の要請事項を会計上の実務対応において，

はしがき

　同調し上乗せした実行可能なボトムアップ処理規定であり，わが国の中堅・中小企業260万社が広く利用するための持続的な新ルールであるからといえます。

　本書においては，この新時代対応の基本要領の根源的な規定について従来適用されていた「中小企業に関する会計指針」との比較を徹底して分析し，更に企業の決算処理に関わる確定決算基準を規定した強行法規であるといえる法人税法との関連を徹底して解明する視点において，その対応を中心とした記述で編纂しています。

　これにより全国の中堅・中小企業とその財務諸表の作成に関わる専門職業の方々，そして，財務内容の分析が必要な官公庁，金融機関，取引関係者の方々の「新ルール対応」への多少なりとも寄与できればとの思いを込めた解説書であります。本書の記述，編纂に関し税務経理協会の大坪嘉春社長，堀井裕一氏のご協力に心より感謝します。

　平成24年3月

　　　　　　　　　　　　　　　　　　春の気配が感じられる季節に
　　　　　　　　　　　　　　　　　　平川忠雄＆執筆者一同

目　　次

はしがき

第1部　中小企業の会計の概要

[1] 中小企業の会計基準の必要性が議論された背景及び
　　各団体の対応等 …………………………………………………… 3
　1 中小企業の会計基準の必要性が議論された背景 ……… 3
　2 中小企業庁の会計に関する報告書の概要 ……………… 4
　3 各団体の対応 ……………………………………………… 5
　4 各報告書の構成 …………………………………………… 7
　5 会社法に規定された会計原則等 ………………………… 10

[2] 中小指針の統合及び課題 …………………………………… 11
　1 会計参与制度の創設 ……………………………………… 11
　2 検討委員会の設置 ………………………………………… 11
　3 統合された中小企業の会計に関する指針 ……………… 13
　4 中小企業の会計に関する指針の課題 …………………… 13

第2部　要領の概要及び中小指針との相違

[1] 要領の概要 ……………………………………………………… 17
　1 要領創設の背景 …………………………………………… 17
　2 要領の概要 ………………………………………………… 24

1

[2] 要領と中小指針との比較 ……………………………… 31
　1　検討のアプローチ ………………………………………… 31
　2　想定対象会社 ……………………………………………… 33
　3　国際会計基準との関係 …………………………………… 34
　4　基本的な資産評価方法 …………………………………… 34
　5　各論の項目数等 …………………………………………… 34
　6　要領と中小指針の各項目（総論・各論）の比較 ……… 37

第3部　要領の総論及び各論

[1] 総　　論 ……………………………………………………… 49
　1　目　　的 …………………………………………………… 49
　2　本要領の利用が想定される会社 ………………………… 54
　3　企業会計基準，中小指針の利用 ………………………… 58
　4　複数ある会計処理方法の取扱い ………………………… 60
　5　各論で示していない会計処理等の取扱い ……………… 62
　6　国際会計基準との関係 …………………………………… 64
　7　本要領の改訂 ……………………………………………… 66
　8　記帳の重要性 ……………………………………………… 68
　9　本要領の利用上の留意事項 ……………………………… 69
　10　「中小企業の会計に関する基本要領」の名称についての
　　　パブコメ ………………………………………………… 72

[2] 各　　論 ……………………………………………………… 73
　1　収益，費用の基本的な会計処理 ……………………中島
　　　＜要領＞・＜要領の解説＞ …………………………… 73
　　　＜パブコメ及び対応＞ ………………………………… 74

目　次

　　＜要領と中小指針との比較＞ ………………………………………… 75
　　＜要領と法人税法との比較＞ ………………………………………… 78
　　＜要領の留意点及び課題＞ …………………………………………… 82
2　資産，負債の基本的な会計処理 ………………………………中島
　　＜要領＞・＜要領の解説＞ …………………………………………… 84
　　＜パブコメ及び対応＞ ………………………………………………… 85
　　＜要領と中小指針との比較＞ ………………………………………… 86
　　＜要領と法人税法との比較＞ ………………………………………… 87
　　＜要領の留意点及び課題＞ …………………………………………… 88
3　金銭債権及び金銭債務 ……………………………………………岡本
　　＜要領＞・＜要領の解説＞ …………………………………………… 89
　　＜パブコメ及び対応＞ ………………………………………………… 90
　　＜要領と中小指針との比較＞ ………………………………………… 91
　　＜要領と法人税法との比較＞ ………………………………………… 96
　　＜要領の留意点及び課題＞ …………………………………………… 97
4　貸倒損失，貸倒引当金 ……………………………………………中島
　　＜要領＞・＜要領の解説＞ …………………………………………… 99
　　＜パブコメ及び対応＞ ………………………………………………… 100
　　＜要領と中小指針との比較＞ ………………………………………… 101
　　＜要領と法人税法との比較＞ ………………………………………… 107
　　＜要領の留意点及び課題＞ …………………………………………… 114
5　有　価　証　券 ……………………………………………………飯塚
　　＜要領＞・＜要領の解説＞ …………………………………………… 116
　　＜パブコメ及び対応＞ ………………………………………………… 117
　　＜要領と中小指針との比較＞ ………………………………………… 118
　　＜要領と法人税法との比較＞ ………………………………………… 122
　　＜要領の留意点及び課題＞ …………………………………………… 125

6　棚卸資産 ……………………………………中島
 ＜要領＞・＜要領の解説＞　　　127
 ＜パブコメ及び対応＞　　　128
 ＜要領と中小指針との比較＞　　　129
 ＜要領と法人税法との比較＞　　　131
 ＜要領の留意点及び課題＞　　　136

7　経過勘定 ……………………………………飯塚
 ＜要領＞・＜要領の解説＞　　　138
 ＜パブコメ及び対応＞　　　139
 ＜要領と中小指針との比較＞　　　140
 ＜要領と法人税法との比較＞　　　143
 ＜要領の留意点及び課題＞　　　144

8　固定資産 ……………………………………飯塚
 ＜要領＞・＜要領の解説＞　　　146
 ＜パブコメ及び対応＞　　　147
 ＜要領と中小指針との比較＞　　　149
 ＜要領と法人税法との比較＞　　　153
 ＜要領の留意点及び課題＞　　　156

9　繰延資産 ……………………………………佐々木
 ＜要領＞・＜要領の解説＞　　　158
 ＜パブコメ及び対応＞　　　160
 ＜要領と中小指針との比較＞　　　161
 ＜要領と法人税法との比較＞　　　166
 ＜要領の留意点及び課題＞　　　171

10　リース取引 ………………………………佐々木
 ＜要領＞・＜要領の解説＞　　　172
 ＜パブコメ及び対応＞　　　173
 ＜要領と中小指針との比較＞　　　174

　　　　　　　　　　　　　　　　　　　目　　次

　　＜要領と法人税法との比較＞……………………………………………　177
　　＜要領の留意点及び課題＞………………………………………………　181

11　引　当　金 ………………………………………………………佐々木
　　＜要領＞・＜要領の解説＞………………………………………………　182
　　＜パブコメ及び対応＞……………………………………………………　184
　　＜要領と中小指針との比較＞……………………………………………　185
　　＜要領と法人税法との比較＞……………………………………………　189
　　＜要領の留意点及び課題＞………………………………………………　190

12　外貨建取引等 ………………………………………………………西野
　　＜要領＞・＜要領の解説＞………………………………………………　192
　　＜パブコメ及び対応＞……………………………………………………　193
　　＜要領と中小指針との比較＞……………………………………………　194
　　＜要領と法人税法との比較＞……………………………………………　198
　　＜要領の留意点及び課題＞………………………………………………　202

13　純　資　産 ………………………………………………………西野
　　＜要領＞・＜要領の解説＞………………………………………………　205
　　＜パブコメ及び対応＞……………………………………………………　206
　　＜要領と中小指針との比較＞……………………………………………　207
　　＜要領と法人税法との比較＞……………………………………………　213
　　＜要領の留意点及び課題＞………………………………………………　214

14　注　　　記 ………………………………………………………西野
　　＜要領＞・＜要領の解説＞………………………………………………　215
　　＜パブコメ及び対応＞……………………………………………………　218
　　＜要領と中小指針との比較＞……………………………………………　219
　　＜要領の留意点及び課題＞………………………………………………　221

15　様　式　集 ………………………………………………………西野
　　＜パブコメ及び対応＞……………………………………………………　223

＜要領と中小指針との比較＞……………………………………………… 225

資料 中小企業の会計に関する検討会報告書（中間報告）…… 227

第1部

中小企業の会計基準の概要

1 中小企業の会計基準の必要性が議論された背景及び各団体の対応等

1 中小企業の会計基準の必要性が議論された背景

　平成13年臨時国会において，すべての株式会社に当時義務付けられていた「計算書類の公告」について，新聞・官報による公告に加えて，自社のホームページによる開示が認められる商法改正が行われた。この改正により，計算書類の公告コストが減少し，中小企業も容易に計算書類が開示できることになった。

　平成14年通常国会では，相次いで改正・新設されている会計基準に対応して商法の計算書類の省令化が決定したが，次の附帯決議がなされ，中小企業の会計に留意することが求められたことから，中小企業庁が主催する「中小企業の会計に関する研究会」において中小企業に関する会計基準に関する審議が行われることになった。

[衆議院（平成14年5月19日）]	[参議院（平成14年5月21日）]
計算関係規定を省令で規定する際は，証券取引法に基づく会計規定等の適用がない中小企業に対して過重な負担を課すことのないよう，必要な措置をとること	計算関係規定を省令で規定するに際しては，企業会計について公正かつ透明性のある情報開示が十分なされるよう努めるとともに，証券取引法等の適用がない中小企業に対し過重な負担を課し，経営を阻害することのないよう，必要な措置を講ずること

2 中小企業庁の会計に関する報告書の概要

中小企業庁の主宰する研究会は7回の審議を経て,平成14年6月28日「中小企業の会計に関する研究会報告書」が公表された。

1 報告書の趣旨

近年,経済・金融情勢の構造変化,電子商取引の進展,下請取引構造の変容等,中小企業を巡る金融環境や取引構造は大きく変化しているが,その中で,適切な会計に基づいた計算書類のディスクロージャーによって金融機関や取引先の信頼を得ることの重要性が高まっている。

一方,公開会社においては,国際会計基準の調和化の流れの中で,新会計基準(税効果会計・金融商品会計等)が次々と導入され,また,商法(現行会社法)改正により,インターネットによる商法上の計算書類の開示が認められ,ディスクロージャーが低コストで実施可能になった。

このような状況において,外部からの信頼を得るため,中小企業が具体的にどのような会計を行うことが適切なのか,必ずしも明確に認識されていなかった。

そのような情勢から,資金調達先の多様化や,取引先の拡大を目指す中小企業にとって望ましい会計のあり方が多面的に検討された。

なお,報告書では,商法特例法上の小会社(資本金1億円以下の株式会社)で,当面は株式公開を目指していない中小企業を対象としている。

2 中小企業の会計のあり方に関して

基本的考え方として,債権者・取引先に有用な情報を提供するためのものであり,また,経営者に理解しやすく,過重負担にならないこと,実務に配慮したものであること等を,判断の枠組みとしている。

1 中小企業の会計基準の必要性が議論された背景及び各団体の対応等

① **中小企業の会計のあり方**
　商法の枠組みの中で，債権者・取引先の信頼を得るための中小企業の会計として，個別項目のあり方を示している。
② **公開会社に導入されている新会計基準について**
　公開会社に導入されている新会計基準については，企業規模の属性の違い，負担可能なコスト，計算書類の目的等を考慮し，基本的に任意適用としている。
　たとえば，「税効果会計」は必要に応じて採用し，「金融商品会計」関係では，売買目的有価証券のみ時価会計を求める等。

3 各団体の反応

1　日本税理士会連合会

　中小企業庁の報告書は，中小企業の会計のあり方を総則的に定めたものであるが，一層実践的な会計基準の作成の必要性を示唆したものであり，日本税理士会連合会（以下「日税連」とする。）では，平成14年3月，「中小会社会計基準研究会」を設置し，中小会社の会計基準のあり方の検討を行った。
　平成14年9月，「中小会社会計基準草案」を公表してパブリックコメントを募り，同コメントを検討したうえ，平成14年12月に中小会社会計基準のあり方についての最終報告書を公表した。

2　日本公認会計士協会

　日本公認会計士協会（以下「会計士協会」とする。）では，平成14年1月，会計制度委員会において，中小会社の会計基準及び開示基準について大会社と同様であるべきかを検討し，異なる場合にはどのようなものであるべきか調査研究が開始された。
　平成14年6月に研究報告の方針について経過報告が行われ，平成15年6月にはその後の議論の結果を取りまとめた最終報告（「中小会社の会計のあり方に関する研究報告」）を公表した。

第1部　中小企業の会計基準の概要

中小会社会計基準（日税連）

＜目　的＞

本会計基準が実務に定着することにより，商法上の「公正なる会計慣行」又は法人税法上の「一般に公正妥当と認められる会計処理の基準」として認められることが期待されている。

＜基本的な考え方＞

中小企業庁の報告書が実務で対応可能なように税理士会員のパブリックコメントを経て，実務に対応した運用指針を取りまとめた。

中小会社の会計のあり方に関する研究報告（会計士協会）

＜目　的＞

本研究報告は，中小会社が強制的に準拠すべき会計基準を示しているものでなく，その財政状態及び経営成績を適正に表示する場合のガイドラインとなるような取りまとめを行っており，実務の参考とされることを期待している。

＜基本的な考え方＞

適正な計算書類を作成するための会計基準は会社の規模に関係なく1つであるべきであり，必要に応じ，中小会社の特性を考慮して適用方法には簡便法等を認める。

なお，税法基準はあくまで課税所得算定のための計算規定であって，会社の財政状態及び経営成績を適正に表示するための会計基準としての規範にはなり得ないものである。

4 各報告書の構成

1 中小企業庁

中小企業庁では，全体を4区分し（Ⅰ総論・Ⅱ各論・Ⅲ記帳・Ⅳ計算書類の開示），総論では中小企業の会計の基本的な考え方を示し，各論で個別項目について言及し，さらに記帳及び計算書類の開示に係る基本的な考え方について言及していた。

2 日税連

日税連では，全体を24項目に区分し，中小会社の会計について言及しているが，各項目の運用指針において中小会社の会計に税務基準が採用できる場合について詳述していた。

3 会計士協会

会計士協会では，全体を3区分し（Ⅰ中小会社の会計のあり方について・Ⅱ個別項目の検討・Ⅲ参考資料），Ⅱ個別項目の検討では，さらに3区分し（(1)現行の会計基準・(2)中小会社における簡便的な会計処理・(3)解説）中小会社の会計について詳述していた。

第1部　中小企業の会計基準の概要

中小企業の会計（中小企業庁）	中小会社会計基準（日税連）
Ⅰ　中小企業の会計（総論） 　1　目　　　的 　2　対象となる会社 　3　判断の枠組み Ⅱ　中小企業の会計（各論） 　1　中小企業の計算書類作成の基本的考え方 　2　会計方針の変更 　3　金銭債権 　4　貸倒引当金 　5　有価証券 　6　棚卸資産 　7　固定資産 　8　繰延資産 　9　引　当　金 　10　退職給与引当金・退職給付債務 　11　リース取引 　12　費用・収益の計上 　13　経過勘定項目 　14　税効果会計 　15　キャッシュ・フロー計算書 　16　注記事項 Ⅲ　記　　　帳 　1　記帳の基本的考え方 Ⅳ　計算書類の開示 　1　計算書類の開示の基本的考え方	1　目　　　的 2　対象となる会社 3　記　　　帳 4　計算書類の開示 5　計算書類作成の基本的考え方 6　会計処理の方法の選択と変更 7　時価の意義 8　金銭債権 9　貸倒損失・貸倒引当金 10　外貨建取引・外貨建資産等の換算 11　有価証券 12　棚卸資産 13　固定資産 14　のれん（営業権） 15　繰延資産 16　引　当　金 17　退職給与引当金・退職給付債務 18　リース取引 19　収益・費用の計上 20　経過勘定 21　資本金・剰余金 22　税効果会計 23　キャッシュ・フロー計算書 24　注記事項

1　中小企業の会計基準の必要性が議論された背景及び各団体の対応等

中小会社の会計のあり方に関する研究報告（会計士協会）

Ⅰ　中小会社の会計のあり方について

1　中小会社会計のあり方の検討の必要性
2　中小会社会計のあり方を検討する主体
3　中小会社の範囲
4　中小会社の特性
5　本研究報告の基本的な考え方
6　個別項目の検討

Ⅱ　個別項目の会計処理

1　債権金額と取得価額の差額の処理
2　売買目的有価証券の処理
3　その他有価証券の処理
4　市場価格のある有価証券の減損処理
5　市場価格のない有価証券の減損処理
6　ゴルフ会員権の減損処理
7　棚卸資産の評価方法
8　棚卸資産の評価損の計上方法
9　前払費用，未収収益，未払費用及び前受収益の会計処理
10　有形固定資産の減価償却
11　租税特別措置法による特別償却
12　圧縮記帳
13　ソフトウェアの会計処理
14　税効果会計適用の要否及び注記事項
15　税金繰延資産の回収可能性について
16　繰延資産の会計処理
17　研究開発費の会計処理
18　賞与引当金の計上基準
19　貸倒引当金の計上基準
20　退職給付債務の計上基準
21　ヘッジ有効性判定の時期・頻度
22　リース取引の会計処理及び注意
23　外貨換算の会計処理
24　修正後発事象

Ⅲ　参考資料

1　営業報告書
2　後発事象に関する会計処理と開示
3　公告及び電磁的方法による決算内容の公開
4　計算書類の注記の記載範囲
5　附属明細書
6　キュッシュ・フロー計算書

5 会社法に規定された会計原則等

商法では、商業帳簿の作成について「公正ナル会計慣行ヲ斟酌スベシ」としていたが、会社法では、会社の会計の原則等について次のように規定している。

1 会計の原則

株式会社の会計は、一般に公正妥当と認められる企業会計の慣行に従うものとする（会社法431条）。

また、持分会社の会計についても、一般に公正妥当と認められる企業会計の慣行に従うものとする（会社法614条）。

2 会計帳簿の作成及び保存

株式会社は、法務省令で定めるところにより、適時に、正確な会計帳簿（商法では商業帳簿としていた。）を作成しなければならない（会社法432条1項）。

さらに、株式会社は、会計帳簿の閉鎖の時から10年間、その会計帳簿及びその事業に関する重要な資料を保存しなければならない（会社法432条2項）。

中小企業庁の報告書では、「適時に」及び「正確な」記帳の重要性について次のように記述されていたが、その考え方が反映されたものであろう。

> 「正確かつ網羅的に」とは、事実を歪めることなく、また、記録すべき事象について余すところなく記帳を行うことを意味する。
>
> 記帳の時期について、「適時に行わなければならない」とは、記録すべき事実が発生した後、速やかに記帳することを定めたものである。記録が遅延すればするほど、記載を誤る可能性が高まることから、日常の取引を適時に記帳するべき旨を規定している。

2 中小指針の統合及び課題

1 会計参与制度の創設

　会社法の制定により，会計参与制度が創設された。会計参与制度とは，過度な負担なく中小企業の計算書類の正確さを向上させるため，主に会計監査人が設置されない中小企業に対し，会計専門家（税理士・公認会計士等）が取締役等と共同して計算書類の作成を行うことにより計算書類の信頼性を高め，株主・会社債権者の保護及び利便に貢献することを目的にするものである。

2 検討委員会の設置

1　経　　緯

　中小企業の資金調達の多様化，取引の円滑化のための信用調査など中小企業の正確な計算書類の作成と開示が求められている中で，商法の改正により平成14年4月からインターネットによる計算書類の公開が認められ，中小企業の会計のあり方が問われていた。

　その結果，関係団体から下記の報告書が公表された。

- ◆　中小企業庁「中小企業の会計に関する研究会報告書」（平成14年6月公表，平成15年11月改定）
- ◆　日税連「中小会社会計基準」（平成14年12月）
- ◆　会計士協会「中小会社の会計のあり方に関する研究報告」（平成15年6月）

2 目　　的

　通常国会に提出された「会社法案（平成17年6月29日成立）」の中で，会計に関する専門的識見を有する者が，取締役・執行役と共同で計算書類を作成する会計参与制度の創設が予定されていた。

　そのため，会計専門職である会計参与が拠るべき会計に役立つことを目的として，上記3報告書の統合化の作業が行われることになった。

3　設置主体

　中小企業の会計実務に関与している民間団体である会計士協会，日税連，日本商工会議所及び会計基準設定主体である企業会計基準委員会は共同で，平成17年3月22日に「「中小企業の会計」の統合に向けた検討委員会」を設置した。

　メンバーは，関係団体代表者に加え，学識経験者が委員として審議に参加し，関係省庁である中小企業庁，金融庁，法務省がオブザーバーとして参加した。

4　統合化に当たっての確認事項

　検討委員会では，統合化に当たって以下の事項を確認している。

- ◆　会計参与が拠るべき会計の指針の統合化の作業であり，中小企業会計基準の設定作業ではないこと
- ◆　統合化された指針に明記されない特定の会計上の問題で重要性がある場合には，一般に公正妥当と認められる企業会計の基準を参考にしつつ処理を行うこと
- ◆　会計参与を設置しない会社(監査証明を受ける会社を除く。)においても，統合化された指針の適用が期待されること
- ◆　統合化された指針は，各団体所定の手続きを経たうえで，各団体が公表した報告書に取って代わること
- ◆　統合作業は，草案を公開し広く意見を求めたうえで，平成17年6月公表を目途に行うこと（公表は平成17年8月3日であった。）

3 統合された中小企業の会計に関する指針

　平成17年6月13日に，一応の検討結果を公開草案として公表し，広く各界から寄せられたコメントを分析，検討したうえで，平成17年8月1日開催の検討委員会において，「中小企業の会計に関する指針」が確定した。

　関係4団体においては，本指針が中小企業に受け入れられ，中小企業の会計の質の向上に役立つことを期待するとともに，今後，中小企業の取引実態に合ったより合理性のある指針とするため，継続的にその見直し改訂を行うこととされた。

4 中小企業の会計に関する指針の課題

　平成19年の東京合意以降，企業会計基準の国際財務報告基準（IFRS）へのコンバージェンスが加速し，それに伴って中小指針にいても累次の改訂が行われた等の結果，個別勘定科目について，中小企業には難しい又は使いづらい点が生じているとの指摘があり，具体的には，以下の指摘をいう（「中小企業の会計に関する研究会」中間報告書27頁・27頁より引用）。

1　税効果会計

　中小企業においては，多くの会計処理が税法の基準に準じて行われていること等に鑑み，原則，税効果会計が適用されることはなく，現実的ではなく，また，回収可能性の見積りを行うことが困難であること。

2　棚卸資産

　中小企業にとっては，一度，必ず時価で算定したうえで，重要性の判断をする二重の事務負担が発生している。

3 有価証券

　法人税法による区分と比較すると中小指針に拠った会計処理は，中小企業の事務負担が大きいのではないか。

第2部

要領の概要及び中小指針との比較

1 要領の概要

1 要領創設の背景

　平成21年6月に企業会計審議会から公表された「我が国における国際会計基準の取扱いについて（中間報告）」では，平成22年から上場企業に対する国際財務報告基準（IFRS）の任意適用など，企業会計の国際化が進展している中で，中小企業の実態に即した経営者が理解しやすい新しい会計ルールの必要性が高まったことから，以下のように中小企業庁の「中小企業の会計に関する研究会」及び企業会計基準委員会等の民間団体による「非上場会社の会計基準に関する懇談会」がそれぞれ報告書をまとめ，新たな中小企業の会計ルールを取りまとめるべきとの方向性が示された。

新たな中小企業の会計ルールの基本的な考え方	
中小企業の会計に関する研究会	非上場会社の会計基準に関する懇談会
① 中小企業が会計実務の中で慣習として行っている会計処理（法人税法・企業会計原則に基づくものを含む。）のうち，会社法の「一般に公正妥当と認められる企業会計の慣行」と言えるものを整理する。 ② 企業の実態に応じた会計処理を選択できる幅のあるもの（企業会計基準や中小指針の適用も当然に認められるもの。）とする。 ③ 中小企業の経営者が理解できるよう，できる限り専門用語や難解な書きぶりを避け，簡潔かつ平易で分かりやすく書かれたものとする。 ④ 記帳についても，重要な構成要素として取り入れたものとする。	① 中小企業の実態に即し，中小企業の経営者に容易に理解されるものとする。 ② 国際会計基準の影響を受けないものとする。 ③ 法人税法に従った処理に配慮するとともに，会社法第431条に定める「一般に公正妥当と認められる企業会計の慣行」に該当するように留意する。 ④ 新たに設ける会計指針の作成主体は，中小企業庁の研究会の動向も踏まえて，今回の報告書公表後，関係者にて検討する。

第2部　要領の概要及び中小指針との比較

1　「中小企業の会計に関する研究会」の検討内容
①　設置趣旨
　上場企業においては連結財務諸表にＩＦＲＳを適用し，国際比較可能な情報開示を行う必要性が認められる一方で，非上場会社，特にその大半を占める中小企業においては，情報開示先が取引先，金融機関，税務署など限定的であり，更に，経理担当者の会計基準に対する知識や人員体制が必ずしも十分でない実態がある。

　また，現在の「中小企業会計指針」は，そのユーザーサイドを中心として，高度，複雑で中小企業の商慣行の実態に必ずしも沿わない部分もあるとの指摘もあり，その検証を行うとともに，中小企業にとって，金融機関等の債権者が納得でき，税務とも親和性の高い，より使いやすい会計のあり方を検討すべきとの意見もある。

　こうした状況の中，会計の国際化の流れや中小企業の会計の現状を踏まえた今後の中小企業の会計のあり方について検討を進める必要があることから，中小企業庁に「中小企業の会計に関する研究会」が設置された。

②　主な検討項目
- 中小企業における会計の実態と会計基準の国際化
- 会社法会計，金融商品取引法会計，税務会計との関係
- 国内外の会計制度の動向について
- 中小企業の実態に即した会計のあり方
- その他

③　中間報告書における中小企業の会計に関する基本的な考え方
　「中小企業の会計に関する研究会」が公表した中間報告書（平成22年９月）では，中小企業の会計処理のあり方について，一般に公正妥当と認められる企業会計の慣行であって，次のようなものが望ましいとされた。

- 経営者が理解でき，自社の経営状況を適切に把握できる，「経営に役立つ会計」
- 金融機関や取引先等の信用を獲得するために必要かつ十分な情報を提供する，「利害関係者と繋がる会計」
- 実務における会計慣行を最大限考慮し，税務との親和性を保つことのできる，「実務に配慮した会計」
- 中小企業に過重な負担を課さない，中小企業の身の丈に合った，「実行可能な会計」

　また，新たな中小企業の会計処理のあり方を示すものを取りまとめるに当たっての基本方針として，中小企業の実態，中小企業の会計を取り巻く枠組みを踏まえ，中小企業の成長に資するべきものとするという視点を議論の出発点とすべきであり，その他の取りまとめに当たって基本方針とすべき事項として，以下の項目を掲げた。

- 中小企業が会計実務の中で慣習として行っている会計処理（法人税法・企業会計原則に基づくものを含む。）のうち，会社法の「一般に公正妥当と認められる企業会計の慣行」と言えるものを整理する。
- 企業の実態に応じた会計処理を選択できる幅のあるもの（企業会計基準や中小指針の適用も当然に認められるもの。）とする。
- 中小企業の経営者が理解できるよう，できる限り専門用語や難解な書きぶりを避け，簡潔かつ平易で分かりやすく書かれたものとする。
- 記帳についても，重要な構成要素として取り入れたものとする。

2　「非上場会社の会計基準に関する懇談会」の検討内容
①　設置趣旨
　「非上場会社の会計基準に関する懇談会」は，日本の会計基準の国際化を進めるに当たって，非上場会社への影響を回避すべき又は最小限にとどめるべき

などの意見を踏まえ，非上場会社の実態，特性を踏まえた会計基準のあり方について幅広く検討することとし，検討に当たっては，我が国の非上場会社の多様性にも配慮し，我が国経済の成長や企業活力の強化に資するという観点も考慮に入れて検討を進めるために設置された。

② 主な検討項目
- 検討の対象とする会社の分類
- 適用される会計基準又は指針
- 各々の会計基準又は指針を作成する主体

③ 報告書における中小企業の会計についての考え方

「非上場会社の会計基準に関する懇談会」が公表した報告書（平成22年8月）では，中小企業（会社法上の大会社以外の会社）について一定の区分を設け，その区分に該当する者については，中小指針とは別に新たな会計指針を作成することとした。

また，「一定の区分」の区分方法については，会社の属性（同族会社，法定監査対象外の会社，会計参与の設置を当面予定していない会社，資金調達の種類，財務諸表の開示先等。将来上場を目指す企業は対象外とする。），会社の行っている取引の内容の複雑性（外貨建の取引，デリバティブ等），会社規模（売上高，総資産，資本金，従業員数等）という複数の意見が出されており，具体的には，報告書公表後，新たな会計指針を作成する際に，関係者にて検討することとした。

会社の区分	適用される会計
イ　金融商品取引法の対象となる非上場会社	上場会社に用いられる会計基準
ロ　金融商品取引法適用会社以外の会社法上の大会社	上場会社に用いられる会計基準を基礎に，一定の会計処理及び開示の簡略化を検討
ハ　会社法上の大会社以外の会社	中小指針又は新たな会計ルール

なお，上記ハに該当する会社群に適用する新たな会計ルールは，以下の内容とする。

- 中小企業の実態に即し，中小企業の経営者に容易に理解されるものとする。
- 国際会計基準の影響を受けないものとする。
- 法人税法に従った処理に配慮するとともに，会社法第431条に定める「一般に公正妥当と認められる企業会計の慣行」に該当するように留意する。
- 新たに設ける会計指針の作成主体は，中小企業庁の研究会の動向も踏まえて，今回の報告書公表後，関係者にて検討する。

検討の背景　①「経緯」
「中小企業の会計に関する検討委員会」配布資料

中小企業の会計を検討する必要性

わが国の会計基準が国際会計基準（IFRS）へのコンバージェンスを進める中、上場企業とは資金調達の手段や事業活動の態様等が異なる中小企業の会計のあり方を検討する必要性が指摘される。

⬇

中小企業の会計について検討する「研究会」及び「懇談会」設置（平成22年2月）

○　中小企業庁が「中小企業の会計に関する研究会」を設置（同年9月「中間報告書」取りまとめ。）。
○　企業会計基準委員会等の民間団体が「非上場会社の会計基準に関する懇談会」を設置（同年8月「報告書」取りまとめ。）。

> ＜両報告書の結論＞
> 新たに、中小企業の実態に即した「中小企業の会計処理のあり方を示すもの」を取りまとめるべき等の方向性が示される。

⬇

「中小企業の会計に関する検討会」設置（平成23年2月）

新たな「中小企業の会計処理のあり方を示すもの」を検討すべく、中小企業関係者等が主体となり、金融庁及び中小企業庁が事務局となって「中小企業の会計に関する検討会」及び「同ワーキンググループ」を設置。

⬇

「中小企業の会計に関する基本要領」策定

今般、中小企業の実態に即した新たな会計処理のあり方を示すものとして、「中小企業の会計に関する基本要領」を策定。

1 要領の概要

検討の背景 ②「中小企業の実態」
「中小企業の会計に関する検討委員会」配布資料
(「中小企業の会計に関する研究会中間報告書」(中小企業庁) より)

> **主に地域金融機関等から資金調達**
> ● 資金調達の方法としては，新株発行や起債といった資本市場で資金調達を行うことはほとんどなく，地域金融機関やメガバンクなどの金融機関からの借入が中心。

> **計算書類等の開示先は限定的**
> ● 中小企業は，所有と経営が一致しており，通常は株式の譲渡制限が付されていることから株式が第三者に自由に流通することは想定されていない。利害関係者は限られており，計算書類等の開示先は，主として，取引金融機関，主要取引先，既存株主等に限られる。

> **税法を意識した会計処理**
> ● 多くの中小企業では，税務申告が計算書類等作成の目的の大きな役割を占め，法人税法で定める処理を意識した会計が行われている。

> **限られた経理体制**
> ● 経理担当者の人数が少なく，高度な会計処理に対応できる能力や十分な経理体制を持っていない。

2 要領の概要

1 要領の基本的な考え方

　中小企業が成長するための資金調達のためには，経営者自身が，自社の経営状況等を把握・改善し，金融機関等に自社の経営状況等を説明する必要がある。そのためには，自社の財務状況を的確に把握する必要があるが，中小企業の約6割は経理担当者が1名で，約2割は仕訳伝票を会計専門家に渡して記帳を行っているのが現状であり，必ずしも十分な会計処理による財務状況の把握ができているとは言い難い。

　このような現状を踏まえ，平成24年2月1日に以下の考え方にたって「中小企業の会計に関する基本要領（中間報告）（以下「要領」という。）」が策定された。

> ① 中小企業の経営者が自社の経営状況の把握に活用できる会計ルール
> ② 金融機関，取引先，株主等への情報提供に資する会計ルール
> ③ 中小企業の実務における会計慣行を十分考慮し，税制の調和を図った会計ルール
> ④ 作成負担は最小限に留め中小企業に過重な負担を課さない会計ルール
> ⑤ 会社法の求める「公正妥当な会計慣行」に合致する会計ルール

（「中小企業庁　事業環境部　財務課」資料を引用）

　今後は，引き続き要領の普及・活用の検討を行い，その結果を含めた最終報告がとりまとめられる予定である。

2 要領の構成

　要領は，以下のように総論・各論・様式集により構成されている。

1 要領の概要

```
Ⅰ 総   論
 1 目   的
 2 本要領の利用が想定される会社
 3 企業会計基準，中小指針の利用
 4 複数ある会計処理方法の取扱い
 5 各論で示していない会計処理等の取扱い
 6 国際会計基準との関係
 7 本要領の改訂
 8 記帳の重要性
 9 本要領の利用上の留意事項
```

> 中小企業の多様な実態に配慮し，中小企業の経営者が理解しやすく自社の経営状況の把握に役立つとともに，会社計算規則に準拠しつつ，中小企業に過重な負担を課さないものとすること等を目的に記載するなど，要領の基本的な考え方を記載している。

```
Ⅱ 各   論
 1 収益，費用の基本的な会計処理
 2 資産，負債の基本的な会計処理
 3 金銭債権及び金銭債務
 4 貸倒損失，貸倒引当金
 5 有価証券
 6 棚卸資産
 7 経過勘定
 8 固定資産
 9 繰延資産
10 リース取引
11 引当金
12 外貨建取引等
13 純資産
14 注   記
```

> 多くの中小企業の実務において実際に使用され，必要とされる項目（勘定科目）に絞るとともに，一定の場合には簡便な会計処理等を示している。
> また，中小企業経営者の理解に資するよう分かりやすい表現にするとともに，解説を付している。

```
Ⅲ 様 式 集
 ・ 貸借対照表
 ・ 損益計算書
 ・ 記載上の注意
 ・ 株主資本等変動計算書（横形式）
 ・ 株主資本等変動計算書（縦形式）
 ・ 個別注記表
 ・ 製造原価明細書
 ・ 販売費及び一般管理費の明細
```

> 会社計算規則により作成が求められている貸借対照表，損益計算書について，多くの中小企業の実務において実際に使用され，必要と考えられる項目（勘定科目）に絞った上，様式例を示している。

中小会計要領の内容 ①-1「総論」
「中小企業の会計に関する検討委員会」配布資料

中小企業の会計に関する基本要領（中小会計要領）の概要

【総論】
<目　的>
以下の考え方に立って作成。
・経営者が活用しようと思えるよう，理解しやすく，自社の経営状況の把握に役立つ会計
・利害関係者（金融機関，取引先，株主等）への情報提供に資する会計
・実務における会計慣行を十分考慮し，会計と税制の調和を図ったうえで，会計計算規則に準拠した会計
・計算書類等の作成負担は最小限に留め，中小企業に過重な負担を課さない会計

<中小会計要領の利用が想定される会社>
以下を除く株式会社が想定される。
・金融商品取引法の規制の適用対象会社
・会社法上の会計監査人設置会社

(注)　中小指針では，「とりわけ会計参与設置会社が計算書類を作成する際には，本指針に拠ることが適当である。」とされている。

【「中小会計要領」の位置づけ】

区　分	会社数	連　結	単　体
上場会社	約3,600社	国際会計基準の任意適用 / 日本基準	日本基準
金商法開示企業（①）（上場会社以外）	約1,000社		
会社法大会社（②）（上場会社及び①以外）（資本金5億円，又は負債総額200億円以上）	約10,000社から上場会社，①に含まれるものの数を除く	作成義務なし	
上記以外の株式会社（上場会社，①及び②以外）	約260万社から上場会社，①，②に含まれるものの数を除く		中小指針 / 中小会計要領

（出典）　非上場会社の会計基準に関する懇談会報告資料を基に作成。

中小会計要領の内容　①−2「総論」
「中小企業の会計に関する検討委員会」配布資料

中小企業の会計に関する基本要領（中小会計要領）の概要

【総　論】

<継続性の原則>
　継続性の原則について，他の企業会計原則とは別に記載。会計処理の方法は，毎期継続して同じ方法を適用する必要があり，これを変更するに当たっては，合理的な理由を必要とし，変更した旨，その理由及び影響の内容を注記する。

<国際会計基準 (IFRS) との関係>
　「中小会計要領」は，安定的に継続利用可能なものとする観点から，IFRS の影響を受けないものとしている。

<記帳の重要性>
　経営者が自社の経営状況を適切に把握するために記帳が重要である。他の企業会計原則とは別に記載。記帳は全ての取引につき，正規の簿記の原則に従って行い，適時に，整然かつ明瞭に，正確かつ網羅的に会計帳簿を作成しなければならない。

中小会計要領の内容　②「各論」
「中小企業の会計に関する検討委員会」配布資料

中小企業の会計に関する基本要領（中小会計要領）の概要

【各　論】(抜粋)

<貸倒引当金>
　決算末期における貸倒引当金の計算方法として，原則的な処理の他に，法人税法上の中小法人に認められている法定繰入率で算定する方法も例示している。

<有価証券>
　有価証券の評価方法を，法人税法と同様に，売買目的有価証券以外は原則として取得原価での計上とし，事務負担の軽減に配慮している。

<棚卸資産>
　中小企業は法人税法上認められている「最終仕入原価法」で評価していることが多い実態を踏まえ，「最終仕入原価法」を他の評価方法とともに利用できることとしている。

<引　当　金>
　退職給付引当金について，適正な損益計算を行う観点から，当期末における自己都合要支給額を基に計上しなければならない旨を明記。従業員の在職年数等企業の実態に応じて合理的に引当金額を計算し，自己都合要支給額を基礎として，例えば，その一定割合を計上することとしている。

<そ　の　他>
　中小企業の実務で使われている基本的な14項目に限定。「税効果会計」や「組織再編の会計」等は盛り込んでいない。

3 要領のポイント

前記１要領の基本的な考え方（①～④：「中小企業庁　事業環境部　財務課」資料を引用）のポイントは，以下のとおりである。

① **中小企業の経営者が自社の経営状況を把握し活用できる会計ルール**

　イ　会計の前提として「記帳」行為の定着

　　要領は，中小企業経営者（もしくは経理担当者）自らが自社の経営状況を把握することができるようにするため，記帳の重要性を強調した。

　　※　２割強の中小企業は，仕訳伝票を会計専門家に渡して記帳以降の作業を委託。

　ロ　経営者が自社の財務状況について説明するための知識習得

　　要領により，一般原則や資産・負債，収益・費用などの会計上前提となる知識を経営者が習得でき，自社の経営状況の適格な把握等に資するものとした。

② **金融機関，取引先，株主等への情報提供に資する会計ルール**

　イ　金融機関が融資の際に必要とする情報の提供

　　財務諸表を見ただけでは必ずしも把握できない，受取手形割引額及び受取手形裏書譲渡額について注記することによって，融資先の売上に占める売掛金比率の正確な把握，不渡手形の買戻しリスク等の評価を可能とした。

　ロ　信頼性の高い財務諸表の作成

　　適切な費用処理（減価償却），負債計上（退職給付引当金）を行うことにより，当期の適正な収益を表示するものとした。

　　※　減価償却を全く行っていない又は利益等の状況に応じて行っているとする中小企業は約13％，退職給付引当金は約94％の中小企業が計上していない。

③ **中小企業の実務における会計慣行を十分考慮し，税制との調和を図った会計ルール**

　イ　国際会計基準の（コンバージェンスの）影響の遮断

　　我が国の中小企業の実務に定着している確定決算主義を堅持するとともに，会計ルールの安定的で継続利用可能なものとする観点から，ＩＦＲＳなどの国際会計基準の影響を受けないものとした。

ロ　法人税法で認められた評価方法を採用

（貸倒引当金）

　　貸倒引当金の見積り方法として，法人税法上の法定繰入率を利用可能とした。

（有価証券）

　　法人税法と同様に「売買目的の有価証券」と「売買目的以外の有価証券」の2分類で評価する簡潔な方法を採用した。

　※　中小指針は，有価証券を「売買目的有価証券」，「満期保有目的の債権」，「子会社株式及び関連会社株式」，「その他有価証券」の4つに分類し，それぞれの評価方法について規定

（棚卸資産）

　　法人税法上認められている評価方法である「最終仕入原価法」を評価方法の1つとして採用した。

④　**作成負担は最小限に留め中小企業に過重な負担を課さない会計ルール**

　イ　取得原価主義による資産計上

　　原則として取得原価主義によって資産計上し，明らかに価値の下落が判断できるものについてだけ，時価評価し評価損を計上することとした。

　ロ　中小企業の実態上，利用が多くない項目については削除

　　中小指針で項目建てされている「税金費用・税金負債」，「税効果会計」，「組織再編の会計」については，要領においては規定していない。

2 要領と中小指針との比較

要領と中小指針を比較すると，以下の各項目においてそれぞれ相違がある。

項　　目	要　　領	中小指針（平成17年策定）
検討アプローチ	中小企業の実態を踏まえたボトムアップ・アプローチ	企業会計基準をベースにそれを簡素化（トップダウンアプローチ）
想定対象会社	中小企業一般	主に会計参与設置会社
国際会計基準との関係	国際会計基準の影響を遮断	国際会計基準に沿って企業会計基準が改訂される度に毎年改訂
基本的な資産評価方法	原則，取得原価主義	大幅な時価主義の導入
各論の項目数等	基本的な14項目	18項目 税金費用，税効果会計，組織再編会計等を含む

（「中小企業庁　事業環境部　財務課」資料を引用）

1 検討のアプローチ

1 要領の検討アプローチ

要領は，中小企業の実態を踏まえたボトムアップ・アプローチにより検討された。ボトムアップ・アプローチによる手法とは，企業会計原則や会社法会計をベースとし，税法基準等を踏まえつつ，「一般に公正妥当と認められる企業会計の慣行」（会社法431・614）との整合的な中小企業向けの会計基準を探求

していく方法をいう。

具体的には、業種・業態・規模等が多様な中小企業は、会計処理能力も企業によって異なることから、まず、中小企業の属性を検討し、中小企業の会計基準を一から策定する手法をいう。

<ボトムアップ・アプローチの概念イメージ>

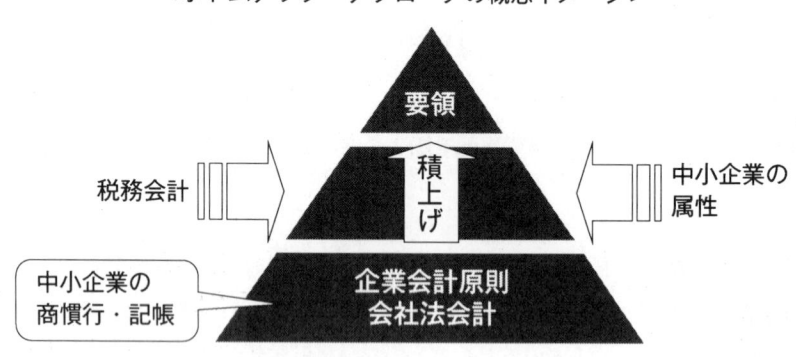

2 中小指針の検討アプローチ

中小指針は、トップダウン・アプローチにより策定されているため、大企業向けの会計基準が基本となり内容が高度なものとなっている。

トップダウン・アプローチによるため、大企業向けの会計基準をベースとし、一般に会計処理能力が十分でなく、利害関係者の範囲が限定されている中小企業の属性を考慮しつつ、会計基準を簡素化する手法になっている。

<トップダウン・アプローチの概念イメージ>

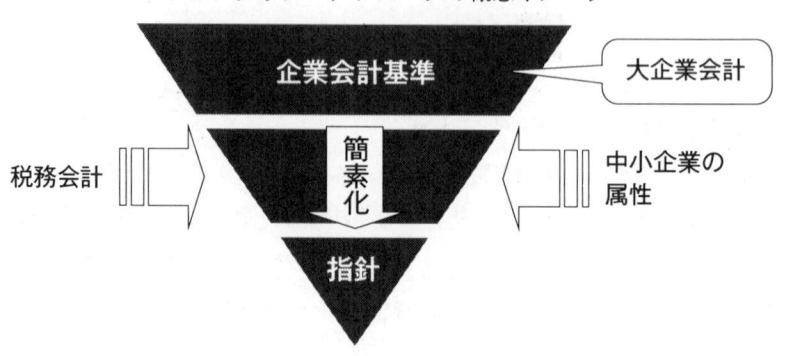

2 想定対象会社

会社区分に応じて適用される会計基準等は以下のようになり，中小企業は中小指針又は要領に基づき会計処理等を行うことになる。

会　社　区　分	会　社　数	適用する会計基準等
① 上場会社	約3,900社	企業会計基準 （国際会計基準の任意適用）
② 金商法開示会社 （上記①以外）	約1,000社	同　上
③ 会社法大会社 （上記①・②以外）	約10,000社	同　上
④ 中小企業 （上記①～③以外）	約2,600,000社	中小指針又は要領

1 要領の想定対象会社

要領の対象会社は，上場会社（上記①）・金融商品取引法の規制の適用対象会社（上記②）及び会社法上の会計監査人設置会社（上記③）以外の会社想定している。

具体的には，上記④の中小企業一般を想定対象会社としている。

2 中小指針の想定対象会社

中小指針の対象会社も上記(1)と同様であるが，上記④の中小企業一般のうち，主として会計参与設置会社を想定対象会社している。

3 国際会計基準との関係

1 要領と国際会計基準との関係

要領は，安定的に継続利用可能なものとする観点から，国際会計基準の影響を受けないものとし，改訂についても中小指針と異なり，中小企業の会計慣行の状況等を勘案し，必要と判断される場合に限り改訂を行うこととしている。

2 中小指針と国際会計基準との関係

中小指針は平成17年策定以降，国際会計基準の影響を受けており，国際会計基準に沿って企業会計基準が改訂されるたびに毎年改訂が行われている。

4 基本的な資産評価方法

1 要領の資産評価方法

要領は，中小企業に過重な負担を課さないこと等を目的とし，国際会計基準の影響を遮断しているため，資産評価方法は原則として取得原価主義を採用している。

2 中小指針の資産評価方法

中小指針は，国際会計基準に沿って企業会計基準が改訂されるたびに毎年改訂が行われているため，資産評価方法は大幅に時価主義が導入されている。

5 各論の項目数等

要領と中小指針には，各論の項目数等について以下の相違がある。

2　要領と中小指針との比較

要領 ⇒ 各論の項目	中小指針 ⇒ 各論の項目
1　収益，費用の基本的な会計処理	金銭債権（10項～16項）
2　資産，負債の基本的な会計処理	貸倒損失・貸倒引当金 　　　　　　　　　（17項・18項）
※　要領にのみ設けられた項目	有価証券（19項～24項）
3　金銭債権及び金銭債務	棚卸資産（25項～29項）
4　貸倒損失，貸倒引当金	経過勘定等（30項～32項）
5　有価証券	固定資産（33項～38項）
6　棚卸資産	繰延資産（39項～43項）
7　経過勘定	金銭債務（44項～47項）
8　固定資産	引当金（48項～51項）
9　繰延資産	退職給付債務・退職給付引当金 　　　　　　　　　（52項～57項）
10　リース取引	税金費用・税金債務（58項～60項）
11　引当金	※　要領では明示されていない
12　外貨建取引等	税効果会計（61項～66項）
13　純資産	※　要領では明示されていない
14　注記	純資産（67項～71項）
	収益・費用の計上（72項～74項）
	リース取引（74項2～74項4）
	外貨建取引等（75項～79項）
	組織再編の会計（80項・81項）
	※　要領では明示されていない
	個別注記表（82項－85項）
	決算公告とB/S・P/L等の例示 　　　　　　　　　（86項～88項）
	今後の検討事項（89項）
	※　要領では明示されていない

1　各論の項目数

　要領の各論は14項目であるが中小指針の各論は18項目あり，相違する項目は上表の下線部分の項目である。

2　要領で新設された項目

　要領では,「資産,負債の基本的な会計処理」の項目が設けられている。要領は,国際会計基準の影響を遮断していることから,資産は原則として取得価額で計上することとし,時価主義の排除を明示している。

3　要領で明示されなかった項目

　要領では,中小指針で設けられている「税金費用・税金債務」・「税効果会計」・「組織再編の会計」及び「今後の検討事項」の項目は明示されていない。

　要領は,多くの中小企業の実務において実際に使用され,必要と考えられる項目に絞りこんだことから,上記の4項目は除外された。

　なお,要領は,平成23年11月8日に要領（案）を公表し広くコメント募集を行ったが,提出されたコメントとそれに対する回答概要のうち,「税金費用・税金債務」・「税効果会計」に係るコメント及び「中小企業の会計に関する検討会」の対応は以下のとおりである。

コメント	対応
基本要領（案）では,税金費用・税金債務の項目がない。当該項目は実務上重要であり,また税理士等の専門家に依頼をしない企業にとっては特に見落としがちとなる項目であると言える。よって,基本要領（案）において明示することが適当であると考える。	本要領は,本要領の利用を想定する中小企業の実務において一般的に必要と考えられる会計処理について取りまとめたものである。本要領に記載のない会計処理については,総論**5**によって対応できる。
基本要領に関しては,中小指針にあった「税効果会計」の項目を削除している点が理解しがたい。税法と企業会計の乖離を考えれば,基本要領に従うほどに「税効果会計」なしに適正な損益計算書の純利益の表現はできないものと考える。	

6 要領と中小指針の各項目（総論・各論）の比較

　要領と中小指針の総論及び各論の各項目のうち，総論は要領と中小指針は同様に9項目であるが，中小指針と比較して要領は中小企業経営者者が理解しすい表現にしたため記述内容は平易なものになっている。

　また，各論は要領の14項目に対し中小指針を詳細に分けると80項目（10項から89項）あり，要領は必要と考えられる項目に絞ったことが推測され，記述内容は要領が中小指針の簡易版であることが窺える。

(1) 総論の各項目における記述概要の比較

中小指針（平成23年版）	要　　領
目　的（1項－3項） 　中小企業が拠ることが望ましい会計処理等示すため，一定の水準を維持	1　目　的 　中小指針に比べて簡便な会計処理をすることが適当と考えられる中小企業者の実態に即した会計処理等を記述
対　象（4項・5項） 　一定の株式会社，特例有限会社等主として会計参与設置会社	2　本要領の利用が想定される会社 　同　左 　中小指針に比べて簡便な会計処理をすることが適当と考えられる中小企業一般
本指針の作成に当たっての方針（6項・7項） 　企業会計基準を適用すべきだが，中小指針も認める	3　企業会計，中小指針の利用 　妨げない
な　し	4　複数ある会計処理方法の取扱い 　継続性の原則による
本指針の記載範囲及び適用に当たっての留意事項（8項・9項）	5　各論で示していない会計処理等の取扱い

一定の場合には税法基準を認める	企業会計基準，中小指針，税法基準等から会計上適当な処理を選択
な　し（影響を受けている）	6　国際会計基準との関係 　　影響の遮断
な　し（毎年改訂）	7　本要領の改訂 　　数年に一度にとどめるべき
な　し	8　記帳の重要性 　　適切な記帳が前提
な　し	9　本要領の利用上の留意点 　　企業会計原則の一般原則，注解を記述

(2)　各論の各項目における記述概要の比較

中小指針（平成23年版）	要　領
収益・費用の計上（72項−74項） 72　収益及び費用の計上に関する一般原則 　　費用収益対応原則 　　収益は実現主義 　　費用は発生主義 73　収益認識 　　一般的・特殊な販売契約の収益認識基準 74　費用認識 　　収益に対応（個別対応又は期間対応） 　　な　し	1　収益，費用の基本的な会計処理 あ　り あ　り あ　り な　し あ　り 総額主義
な　し （金銭債権に記載あり） （金銭債務に記載あり）	2　資産，負債の基本的な会計処理 　資産は取得原価で計上 　負債は債務額で計上

金銭債権（10項－16項） 10　金銭債権の定義 　　預金・受取手形・売掛金・貸付金等	3　金銭債権及び金銭債務 あ　り
11　貸借対照表価額 　　取得価額を付す	あ　り
12　取得価額と債権金額とが異なる場合の処理 　　償却原価法に基づく価額とする	相当の減額又が増額できる
13　時価評価 　　市場価格のあるものは時価等とする	あ　り
14　金銭債権の譲渡 　　手形割引・裏書は金銭債権の譲渡に該当	注記する
15　貸借対照表の表示 　　営業上の債権，営業上以外の債権等に区分	な　し
16　デリバティブ 　　正味の債権及び債務は時価による	な　し
金銭債務（44項－47項） 44　金銭債務の定義 　　支払手形・買掛金・借入金・社債等	あ　り
45　貸借対照表価額 　　債務額を付す	あ　り
46　貸借対照表の表示 　　営業上の債権，営業上以外の債権等に区分	な　し
47　デリバティブ 　　正味の債権及び債務は時価による	な　し
貸倒損失・貸倒引当金（17項・18項） 17　貸倒損失	4　貸倒損失，貸倒引当金

	法的に消滅した債権等は債権金額から控除	あり
	P／Lの表示方法	なし
18	貸倒引当金	
	取立不能見込額を計上（税法基準は制限付）	あり（税法基準が考えられる）
	取立不能見込額の算定方法を区分して記載	なし
有価証券（19項－24項）		5　有価証券
19	有価証券の分類と会計処理の意義	
	4分類して会計処理（貸借対照表価額・評価差額）を記載	2分類し，原則は取得原価，法人税法上の売買目的有価証券は時価
20	有価証券の取得価額	
	付随費用は取得価額に含める	なし（「2」に記述あり）
21	有価証券の評価方法	
	移動平均法又は総平均法	なし（「2」に記述あり）
22	有価証券の減損	
	市場価格の有無により区分して減損処理	あり（50％以上下落の場合）
23	貸借対照表の表示	
	1年基準により区分して表示	なし
24	損益計算書の表示	
	3区分して表示	なし
棚卸資産（25項－29項）		6　棚卸資産
25	棚卸資産の範囲	
	商品・製品等	あり
26	棚卸資産の取得価額	
	購入・自己製造等・その他に区分して記載	なし（「2」に記述あり）
27	棚卸資産の評価基準	
	原価法のみ（企業会計基準採用）	原価法又は低価法

28 棚卸資産の評価方法 　　最終仕入原価法は制限付	制限なく最終仕入原価法が採用可能
29 損益計算書の表示及び注記 　　簿価切下額の表示及び注記	時価が把握できれば評価損計上
経過勘定等（30項－32項） 30 経過勘定の定義 　　前払費用等を4区分して記載 31 経過勘定等に係る会計処理 　　重要性の乏しいもの除外 32 経過勘定の貸借対照表上の表示 　　前払費用等を4区分して記載	7 経過勘定（「等」なし） 4区分して記載 あ　り な　し
固定資産（33項－38項） 33 固定資産の取得価額 　　少額の付随費用・減価償却資産は除外 34 固定資産の減価償却 　　定率法・定額法等を毎期継続 35 圧縮記帳 　　会計処理（積立金方式が原則） 36 有形固定資産及び無形固定資産の減損 　　予測できない減損は取得原価から減額 37 ソフトウェア 　　研究開発費とそれ以外の会計処理を記述 38 ゴルフ会員権 　　評価及び減損の会計処理	8 固定資産 少額部分なし 定率法・定額法等で相当の消却 な　し な　し な　し な　し な　し
繰延資産（39項－43項） 39 繰延資産の定義 　　効果が将来にわたって発現するも	9 繰延資産 あ　り

の 40　繰延資産の範囲 　　詳細に記載 41　償却額・償却期間 　　効果の発現期間（3年・5年以内） 42　一時償却 　　効果が期待されなくなった場合 43　表示 　　B／S・P／L表示	簡易に記載 あ　り あ　り な　し
リース取引（74項-2-74項-4） 74-2　所有権移転外ファイナンス・リース取引 　　取引の定義 74-3　所有権移転外ファイナンス・リース取引に係る借手の会計処理 　　原則は売買取引，賃貸者取引にもできる 74-4　所有権移転外ファイナンス・リース取引に係る借手の注記 　　賃貸者取引とした場合には，未経過リース料を注記	10　リース取引 な　し 賃貸借取引又は売買取引 賃貸者取引とした場合には，未経過リース料を注記することが望ましい
引当金（48項-51項） 48　引当金の設定要件 　　4要件のすべてに該当する場合 49　引当金の区分 　　会計上と税法の引当金の関係 50　表示 　　P／Lへの表示	引当金 あ　り な　し な　し

51　賞与引当金の計上額 　　　合理的であれば旧税法基準の採用可能	あ　り
退職給付債務・退職給与引当金 （52項－57項） 52　退職給付制度 　　　制度採用会社は法的債務を負う	あ　り
53　確定給付型退職給付債務の会計処理 　　　原則法	な　し
54　確定給付型退職給付債務の会計処理 　　　簡便法	あ　り
55　中小企業退職金共済制度等の会計処理 　　　要拠出額を費用処理	あ　り
56　退職規程がない場合等 　　　退職給付債務の計上は不要	な　し
57　特則 　　　退職給付引当金を計上してない場合の処理	な　し
外貨建取引等（75項－79項） 75　取引発生時の処理 　　　原則として，発生時に円換算	12　外貨建取引等 あ　り
76　決算時の処理 　　　決算時・取得時に円換算等	あ　り
77　換算差額の処理 　　　P／Lへの表示方法	な　し
78　ヘッジ会計 　　　要件を満たす場合	な　し
79　会計処理と法人税法上の取扱い 　　　換算方法を一致させることができる	な　し

純資産（67項－71項） 　67　資本金 　　　株主の払込金額のうち資本金とした額 　68　剰余金 　　　資本剰余金と利益剰余金に区分 　69　評価・換算差額等 　　　当期の損益に計上していない場合 　70　自己株式 　　　取得及び保有・処分・消却の処理 　71　株主資本等変動計算書 　　　表示区分・表示方法等	13　純資産 　あ　り 　あ　り 　な　し 　B／Sへの表示方法 　な　し
個別注記表（82項－85項） 　82　会社計算規則の規定 　　　15項目の注記 　83　本指針によることの注記 　　　注記が必要 　84　役員と会社間の取引について 　　　注記が望ましい 　85　電磁的方法による決算公告との関係 　　　電磁的方法による公開ができる	14　注記 　　3項目の注記 　あ　り 　な　し 　な　し
税金費用・税金債務（58項－60項） 　58　法人税，住民税及び事業税 　　　P／L・B／Sへの計上方法 　59　源泉所得税等の会計処理 　　　税額控除の適用を受ける場合のP／L処理 　60　消費税等の会計処理 　　　原則は税抜処理	 　な　し 　な　し 　な　し
税効果会計（61項－66項） 　61　税効果会計 　　　税効果会計の考え方	 　な　し

62　繰延税金資産の回収可能性 　　　回収可能性の考え方	な　し
63　回収可能性についての判断基準 　　　判断基準の例示	な　し
64　貸借対照表上の表示 　　　繰延税金資産・負債の表示	な　し
65　損益計算書の表示 　　　繰延税金資産・負債の差額の増減額の表示	な　し
66　税効果会計適用における注記事項 　　　3項目の注記が望ましい	な　し
組織再編の会計（80項・81項） 80　企業結合会計 　　　制度の概要・会計処理	な　し
81　事業分離会計 　　　制度の概要・会計処理	な　し
決算公告と貸借対照表及び損益計算書並びに株主資本等変動計算書の例示（86項－88項） 86　決算公告 　　　公告の方法	な　し
87　貸借対照表及び損益計算書並びに株主資本等変動計算書の例示 　　　計算書類の例示 　　　右記の例示なし	Ⅲ　様式集にあり 「製造原価明細書」・「販売費及び一般管理費の明細書」
88　キャッシュ・フロー計算書 　　　作成することが望ましい	な　し
今後の検討事項（89項） 89　資産除去債務 　　　引き続き検討する	な　し

中小会計要領の内容　③
「中小企業の会計に関する検討委員会」配布資料
「企業会計基準及び中小指針との違い（例）」

	中小会計要領	中小指針	企業会計基準
想定対象	中小指針と同じ（中小企業）「中小指針と比べて簡便な会計処理をすることが適当と考えられる中小企業」	右記以外（中小企業）「とりわけ会計参与設置会社」	金融法の適用対象会社　会社法上の大会社
国際会計基準との関係	安定的な継続利用を目指し、国際会計基準の影響を受けないものとしている	これまで国際会計基準とのコンバージェンス等による企業会計基準の改訂を勘案している	これまで国際会計基準とのコンバージェンスを実施している
各論の項目数等	項目数：基本的な14項目（税効果会計、組織再編の会計等は盛り込んでいない）　内容：本要領の利用を想定する中小企業に必要な事項を簡潔かつ可能な限り平易に記載	項目数：18項目（税効果会計、組織再編の会計等も規定）　内容：中小会計要領よりも詳細に記載	企業取引の会計処理全般を網羅的に規定
税務上の処理の取扱い	実務における会計慣行を踏まえて規定	以下の場合で適用できる・会計基準がなく税務上の処理が実態を適正に表している場合・あるべき会計処理と重要な差異がない場合	副次的に考慮するものとされている
＜例1＞有価証券の期末評価	原則として、取得原価	条件付きで取得原価を容認（市場価格のある株式を保有していても多額でない場合）	市場価格のある株式は時価評価
＜例2＞棚卸資産の評価方法	最終仕入原価法を容認	条件付きで最終仕入原価法を容認（期間損益の計算上著しい弊害がない場合）	重要性のないものを除き、最終仕入原価法は不可

第3部

要領の総論及び各論

1 総　論

1 目　的

> **要　領**
>
> (1) 「中小企業の会計に関する基本要領」(以下「本要領」という。)は，中小企業の多様な実態に配慮し，その成長に資するため，中小企業が会社法上の計算書類等を作成する際に，参照するための会計処理や注記等を示すものである。
>
> (2) 本要領は，計算書類等の開示先や経理体制等の観点から，「一定の水準を保ったもの」とされている「中小企業の会計に関する指針」(以下「中小指針」という。)と比べて簡便な会計処理をすることが適当と考えられる中小企業を対象に，その実態に即した会計処理のあり方を取りまとめるべきとの意見を踏まえ，以下の考え方に立って作成されたものである。
>
> ・中小企業の経営者が活用しようと思えるよう，理解しやすく，自社の経営状況の把握に役立つ会計
>
> ・中小企業の利害関係者(金融機関，取引先，株主等)への情報提供に資する会計
>
> ・中小企業の実務における会計慣行を十分考慮し，会計と税制の調和を図った上で，会社計算規則に準拠した会計
>
> ・計算書類等の作成負担は最小限に留め，中小企業に過重な負担

> を課さない会計
>
> ※ 「中小企業の会計に関する指針」とは、平成17年8月、日本公認会計士協会、日本税理士会連合会、日本商工会議所及び企業会計基準委員会の4団体により策定された中小企業の会計処理等に関する指針をいう。

(注) 上記の 要領 は「中小企業の会計に関する検討会報告書（中華報告）」の原文を引用している（以下 総論 において同じ）。

＜要領のポイント＞

要領は、法令等により利用が強制されるものではないが、会社法上の計算書類等の作成に当たり「一定の水準を保ったもの」とされている中小指針と比べて簡便な会計処理をすることが適当と考えられる中小企業を対象として、実態に即した会計処理等のあり方の取りまとめを目的として作成された。

したがって、要領は「一定の水準を保った」中小指針の簡易版と位置付けられる。

＜パブコメ及び対応＞

要領は、平成23年11月8日に「中小企業の会計に関する基本要領（案）」（以下「要領（案）」とする。）を公表し広くコメント募集を行ったが、提出されたコメントとそれに対する回答概要のうち、「総論❶目的」に係る主なコメント及び「中小企業の会計に関する検討会」の対応は以下のとおりである。

コメント	対応
「法令で強制されるものでない」ことや、「必ずしも適当でない中小企業を対象として」という表現は基本要領を使おうという意欲をそぎ、ネガティブな印象を与える。	ご意見を踏まえ、修正した。
「**1**目的」には会社法上の計算書類等を作成する際の参照とされているが、中小企業においては、同時に法人税申告に欠くことができない「確定決算主義に基づく税務会計文書」として重要な位置づけにある決算書類である旨を示し、「法人税の適正申告納税の規範となる計算書類である」という「考え」を目的(2)の「・」に入れるべきである。	本要領は、税制との調和を図った上で、会社法上の計算書類を作成する際に参照するための会計処理等を示すものであり、税務における取扱い方法について記載するものではない。

なお、コメントに基づく要領の修正前及び修正後は、以下のとおりである（下線部分を削除又は修正）。

修正前の要領	修正後の要領
(1) 「中小企業の会計に関する基本要領」（以下「本要領」という。）は、<u>法令等によってその利用が強制されるものではないが</u>、中小企業の多様な実態に配慮し、…… (2) ……「一定の水準を保ったもの」とされている「中小企業の会計に関する指針」（以下「中小指針」という。）<u>によることが必ずしも適当でない中小企業</u>を対象として、実態に即した……	(1) 「中小企業の会計に関する基本要領」（以下「本要領」という。）は、中小企業の多様な実態に配慮し、…… (2) ……「一定の水準を保ったもの」とされている「中小企業の会計に関する指針」（以下「中小指針」という。）<u>と比べて簡便な会計処理をすることが適当と考えられる中小企業</u>を対象に、その実態に即した……

＜要領と中小指針との比較＞

要領は実態に即した会計処理等の取りまとめを目的としたため，中小指針のように「一定の水準を保った」会計処理等の水準は求められていない。

目　　的	要　　領	中小指針（3項）
計算書類等の作成	中小企業の成長に資するために参照するための会計処理等	中小企業が拠ることが望ましい会計処理等
会計処理等の水準	実態に即したもの	一定の水準を保ったもの

＜要領の留意点及び課題＞

法人税法は確定決算主義を採用し（法法74），法人の各事業年度の所得金額は，その事業年度の益金の額から損金の額を控除した金額とされるが，益金の額及び損金の額は，別段の定めがあるものを除き，一般に公正妥当と認められる会計処理の基準に従って計算される（法法22①〜④）。

「中小企業の会計に関する研究会」及び「非上場会社の会計基準に関する懇談会」の報告書（第2部参照）では，新たな中小企業の会計ルールの基本的な考え方として，「一般に公正妥当と認められる企業会計の慣行」に該当するよう留意する旨の記述がある。

❶目的の要領(2)には，「会計と税制の調和を図った上で，会社計算規則に準拠した会計」の考え方に立って作成されたものであることの記述があり，要領は一般に公正妥当と認められる会計処理の基準に含まれることを想定するとともに期待しているものと考えられる。

なお，日本税理士会連合会は，前述のパブコメにおいて，「要領を普及推進のために効果的なインセンティブを検討し，関係機関等に提案すべきである。また，要領の普及推進及び今後の改訂に関して，日本税理士会連合会は積極的に参画することを検討したい。」との意見を提出している。

また，その理由として，以下を掲げている。

1 総　　論

　中小基本要領（案）の内容は，中小指針よりも簡易な内容となっているが，会計水準の低い企業が新たにこれを適用する場合は，一定の負担が生ずる。よって，適用の動機付けとなるような効果的なインセンティブの存在が，基本要領の普及推進には不可欠である。

　日本税理士会連合会では，中小指針が作成された際，その適用状況を確認するためのチェックリストを作成した。このチェックリストは，税理士から中小企業に対して中小指針の適用状況を分かりやすく示すためのものであり，会計水準の向上に大いに役立つものと考えられる。また，このチェックリストを活用した融資商品を金融機関が設けたこと等が中小指針の普及の一助となったことは間違いない。よって，日本税理士会連合会は，中小基本要領についてもチェックリストを作成することを検討したい。

　税理士が中小企業の大部分に関与していることから，今後の改訂作業にあたり，日本税理士会連合会が参画することは，中小企業の意見及び会計の専門家である税理士自身の意見を吸い上げることにつながり，有用であると考える。

2 本要領の利用が想定される会社※

> **要領**
>
> (1) 本要領の利用は，以下を除く株式会社が想定される。
> ・金融商品取引法の規制の適用対象会社
> ・会社法上の会計監査人設置会社
>   （注） 中小指針では，「とりわけ，会計参与設置会社が計算書類を作成する際には，本指針に拠ることが適当である。」とされている。
> (2) 特例有限会社，合名会社，合資会社又は合同会社についても，本要領を利用することができる。
> ※ 本要領は法令等によってその利用が強制されるものではないことから，「利用が想定される会社」という表現としている。

＜要領のポイント＞

要領の対象会社は，中小指針と比べて簡便な会計処理をすることが適当と考えられる中小企業一般を想定している。

＜パブコメ及び対応＞

要領は，平成23年11月8日に要領（案）を公表し広くコメント募集を行ったが，提出されたコメントとそれに対する回答概要のうち，「総論 2 本要領の利用が想定される会社」に係る主なコメント及び「中小企業の会計に関する検討会」の対応は以下のとおりである。

コメント	対応
中小企業会計指針の適用会社と本要領の適用会社を区分する客観的な基準を設けるべきであると考える。 「本要領」と「中小指針」では，同じ位置付けにある会社を対象としており，そのいずれが適用されるか曖昧であり，結局，当の中小企業に対して混乱を生じさせることになるのではないか。	多様な中小企業の実態を踏まえると，客観的な基準を設けることは適当ではないと考えられる。
本要領と中小指針との2つの基準の間で適用の移行があった場合について，その処理の方法をあらかじめ示しておく必要があると考える。	上記の観点から，移行に関して定めることは適当ではないと考える。
本文にも，中小企業者のうち会社を対象としたものであって，個人事業者は対象ではない旨を記載した方がよいと考える。	利用が想定されるのは本要領総論2に示したとおりである。
会計参与設置会社において，中小企業の会計に関する指針に拠ることなく，「中小企業の会計に関する基本要領」に拠って計算書類等を作成することの是非を明確にして頂きたい。	中小企業の実態は多様であることから，本要領を利用するか，中小指針を利用するかを示すことは適当でないと考える。
「以下を除く株式会社が想定される」という書き方は非常に分かり難い。利用が想定される会社は「日本の大多数の中小企業」ではないか。そうであるなら，シンプルにそう記載するべき。	本要領は，中小企業の経営者に理解しやすく，本要領の利用を想定する中小企業に必要な事項を簡潔かつ可能な限り平易に記載したものである。

<要領と中小指針との比較>

　要領の対象会社は中小企業一般であり，中小指針は主に会計参与設置会社と整理されているが，以下のように要領と中小指針の対象会社に基本的な相違はない。

対象会社	要領	中小指針（4項・5項）
株式会社	要領の利用は以下を除く株式会社 ・金融商品取引法の規制の適用対象会社 ・会社法上の会計監査人設置会社	中小指針の適用対象は以下を除く株式会社 ・金融商品取引法の適用を受ける会社並びにその子会社及び関連会社 ・会計監査人を設置する会社及びその子会社
特例有限会社等	特例有限会社，合名会社，合資会社又は合同会社も要領を利用できる	特例有限会社，合名会社，合資会社又は合同会社も中小指針に拠ることを推奨

＜要領の留意点及び課題＞

　要領と中小指針の対象会社に基本的な相違はないことから，両者の対象会社の区分基準は，一定の水準を保った中小指針と比べて簡便な会計処理をすることが適当と考えられる中小企業であるか否かによることになる。

　「中小指針と比べて簡便な会計処理をすることが適当」である中小企業は要領を利用し，それ以外は中小指針を利用することになるものと考えられるが，「中小指針と比べて簡便な会計処理をすることが適当」である場合とは，どのように峻別するのか要領で明らかにされていないため，実務上の課題になる。

　なお，日本税理士会連合会は，前述のパブコメにおいて，「要領を中小指針の簡易版又は入門編と位置づけ，その普及推進にあたっては，両者並行して行うべきである。また，今後，中小企業の会計水準のさらなる向上を目指し，「要領」から「中小指針」へのスムーズな移行が可能となるような施策を検討すべきである。」との意見を提出している。

　また，その理由として，以下を掲げている。

1　総　　論

　中小基本要領（案）の内容は，基本的には中小指針との整合性も取れており，中小企業が参照するものとして適切なものであると考えられる。これが会社法第431条に規定される「一般に公正妥当と認められる企業会計の慣行」として認められるものであれば，中小企業の会計水準の向上という見地から，日本税理士会連合会としても普及推進に協力していくことを検討したい。

　中小指針は，計算書類の作成にあたり，拠ることが望ましい会計処理や注記等を示すもので一定の水準を保ったものとされており，規範的な重みを有していることから，中小基本要領の上位の会計慣行として，引き続き利用されていくべきである。よって，中小指針と中小基本要領の普及促進は，並行して継続的に行うべきであり，また，中小基本要領を適用した企業については，中小指針を適用するような促進策が必要である。

3 企業会計基準，中小指針の利用

> **要　領**
>
> 　本要領の利用が想定される会社において，金融商品取引法における一般に公正妥当と認められる企業会計の基準（以下「企業会計基準」という。）や中小指針に基づいて計算書類等を作成することを妨げない。

＜要領のポイント＞

　計算書類等の作成に当たり，上場会社等は企業会計基準，会計参与設置会社は中小指針，中小企業一般は要領の利用が想定されるが，中小企業一般であっても企業会計基準や中小指針に基づいて計算書類等を作成することかできる。

＜要領と中小指針との比較＞

　要領は計算書類等の作成に当たり，中小指針と比較して，より簡便化された会計処理等によることが認められているが，より高度な会計処理等が求められる企業会計基準や中小指針の利用は可能である。

　一方，中小指針は計算書類等の作成に当たり，企業会計基準よることを原則としつつ，コスト・ベネフィットの観点から会計処理等の簡便化が認められている。

企業会計基準等の利用	要　　　領	中小指針（6項・7項）
企業会計基準の利用	企業会計基準に基づいて計算書類等を作成できる	基本的に企業の規模に関係なく企業会計基準を適用すべきであるが，会計処理等の簡便化を認めている
中小指針の利用	中小指針に基づいて計算書類等を作成できる	中小企業の規範として活用するため，コスト・ベネフィットの観点から認められる
税法基準の利用	貸倒引当金の計算方法等について税法基準が利用できる	一定の場合には税法基準が認められる

＜要領の留意点及び課題＞

　会社の規模に関係なく，取引の経済実態が同じなら会計処理も同じになるべきとする考え方（いわゆる「シングルスタンダード」）がある一方で，大会社と中小企業では異なる会計処理の存在を認めるという考え方（いわゆる「ダブルスタンダード」）もあり，過去に議論があった。

　要領は，ダブルスタンダードの範疇に含まれるものと考えられるが，中小企業一般は要領以外の利用が制限されるものでなく，より高度な計算書類等の作成も当然に認められる。

4 複数ある会計処理方法の取扱い

> **要　領**
>
> (1) 本要領により複数の会計処理の方法が認められている場合には，企業の実態等に応じて，適切な会計処理の方法を選択して適用する。
> (2) 会計処理の方法は，毎期継続して同じ方法を適用する必要があり，これを変更するに当たっては，合理的な理由を必要とし，変更した旨，その理由及び影響の内容を注記する。

＜要領のポイント＞

企業会計原則の一般原則のうち，継続性の原則が記述されている。

＜パブコメ及び対応＞

要領は，平成23年11月8日に要領（案）を公表し広くコメント募集を行ったが，提出されたコメントとそれに対する回答概要のうち，「総論4 複数ある会計処理の取扱い」に係る主なコメント及び「中小企業の会計に関する検討会」の対応は以下のとおりである。

コメント	対　応
(2)には「継続性の原則」に相当する記載があるので，「9 その他の留意すべき考え方（修正後は「本要領の利用上の留意事項」）」における記載方法と同様に，カッコ書きで一般原則の名称（継続性の原則）を示した方が有用ではないか。	総論9の記載は企業会計原則の記述を引用したものであるため，括弧書きで名称を示している。

＜要領と中小指針との比較＞

継続性の原則は，中小指針の総論には記述されていないが，要領と同様に，中小指針においても当然に堅持されているものと想定される。

＜要領の留意点及び課題＞

企業会計原則の一般原則のうち継続性の原則とは，企業会計はその処理の原則及び手続を毎期継続して適用し，みだりにこれを変更してはならないことをいう。

企業の実態等に応じて，その企業の最も適していると判断される会計原則や手続を採用することは，一般に公正妥当と認められる限り自由である（経理自由の原則）。しかし，一度採用した原則を毎期自由に変更することを認めた場合には，利益操作の余地が生じ，また期間比較を困難にする等の問題があるため，経理の一貫性を確保することを目的として企業会計原則の一般原則に継続性の原則が設けられている。

5 各論で示していない会計処理等の取扱い

> 要　領
>
> 　本要領で示していない会計処理の方法が必要になった場合には，企業の実態等に応じて，企業会計基準，中小指針，法人税法で定める処理のうち会計上適当と認められる処理，その他一般に公正妥当と認められる企業会計の慣行の中から選択して適用する。

＜要領のポイント＞

　要領は，多くの中小企業の実務において実際に使用され必要とされる勘定科目に絞ったため，各論で示していない会計処理等は，会計上適当と認められる処理等の中から選択して適用する。

＜パブコメ及び対応＞

　要領は，平成23年11月8日に要領（案）を公表し広くコメント募集を行ったが，提出されたコメントとそれに対する回答概要のうち，「総論5各論で示していない会計処理等の取扱い」に係る主なコメント及び「中小企業の会計に関する検討会」の対応は以下のとおりである。

コメント	対応
「各論で示していない会計処理等の取り扱い」の記述において，「法人税法で定める処理のうち会計上適当と認められる処理」については「具体的には法人税法上の所得金額算定に関する税務会計処理」を付け加える必要がある。	本要領は，税制との調和を図った上で，会社法上の計算書類等を作成する際に参照するための会計処理等を示すものであり，税務における取扱い方法について記載するものではない。

<要領と中小指針との比較>

要領では各論で示していない会計処理等について，企業会計基準等の中から選択して適用することを認めている。

一方，中小指針では各論で示していない会計処理等について，企業会計基準によることを原則としつつ，一定の場合には税法基準の適用も認めている。

企業会計基準等の適用	要　　領	中小指針（8項）
企業会計基準の適用	企業会計基準を適用できる	基本的には，企業会計基準を適用すべき
中小指針の適用	中小指針を適用できる	――
税法基準の適用	貸倒引当金の計算方法等について税法基準を適用できる	一定の場合には税法基準が認められる

<要領の留意点及び課題>

会社法431条に規定する「一般に公正妥当と認められる企業会計の慣行」は，複数存在するものと考えられている。

したがって，簡素化された要領に示されていない会計処理等があれば，複数存在する「一般に公正妥当と認められる企業会計の慣行」に含まれる企業会計基準・中小指針等から会計上適当と認められる処理等を選択して適用することになる。ただし，要領に掲げられている税法基準を利用する際は，「会計上適当と認められる処理」という要件以外に，中小指針において税法基準を利用する際の要件である下記の項目も検討すべきものと考えられる。

要領における税法基準の利用要件	中小指針における税法基準の利用要件（7項）
法人税法で定める処理のうち会計上適当と認められるもの	以下の場合には，税法基準が認められる。 ・企業会計基準がなく，かつ，法人税法で定める処理に拠った結果が，経済実態をおおむね適正に表していると認められる場合 ・企業会計基準は存在するものの，法人税法で定める処理に拠った場合と重要な差異がないと見込まれる場合

6 国際会計基準との関係

> **要　領**
>
> 　本要領は，安定的に継続利用可能なものとする観点から，国際会計基準の影響を受けないものとする。

＜要領のポイント＞

　要領は指針と異なり，中小企業にとって難しい又は使いづらい点を解消するため，国際会計基準の影響を受けないものとした。

＜パブコメ及び対応＞

　要領は，平成23年11月8日に要領（案）を公表し広くコメント募集を行ったが，提出されたコメントとそれに対する回答概要のうち，「総論6国際会計基準との関係」に係る主なコメント及び「中小企業の会計に関する検討会」の対応は以下のとおりである。

コメント	対　応
国際会計基準との関係において，中小指針と本要領との関係を明確にしておく必要があると考える。今後，中小指針と本要領は，国際会計基準との関係において乖離をしていくことが見込まれる。 　中小指針又は本要領のいずれかを選択しようとする場合において，経営者がこれらの側面をしっかりと考慮に入れて選択を行うことができるように，中小指針と本要領に方向性に隔たりがあることを本要領において明らかにしておくことが望ましいと考える。	本要領の利用が想定される中小企業については，その実態に即し，国際会計基準の影響を受けないことを明確にしたものである。

＜要領と中小指針との比較＞

「中小企業の会計に関する研究会」の中間報告書（平成22年9月）では、企業会計基準の国際会計基準へのコンバージェンスに伴って、中小指針においても間接的にその影響が及んでいるが、世界各国において中小企業に対し国際会計基準の適用を強制している国は少ないことから、国際会計基準へのコンバージェンスが進む企業会計基準とは、一線を画して検討が行われるべきとしていた。

上記の経緯から、要領は中小指針と異なり、国際会計基準の影響を受けないものとされた。

要領における国際会計基準の影響	中小指針における国際会計基準
国際会計基準の影響を受けないものとする	国際会計基準の影響を受け、毎年改定が行われている

＜要領の留意点及び課題＞

国際会計基準は、国境を越えて投資を行う投資家に対する比較可能性の高い会計情報の提供を主な目的としているが、その導入には多大な事務コストを要する。

要領は国際会計基準の影響を受けないものであるため、毎年のように改訂が行われることはなく、安定的に継続利用可能なものなるため、中小指針のように難しい又は使いづらい点は解消されるものと考えられる。

7 本要領の改訂

> **要　領**
>
> 　本要領は，中小企業の会計慣行の状況等を勘案し，必要と判断される場合に，改訂を行う。

<要領のポイント>

　要領は，必要と判断される場合についてのみ改訂が行われるため安定的に継続利用が可能なものになる。

<要領と中小指針との比較>

　中小指針は毎年改訂が行われているが，国際会計基準の影響を受けて改訂された個別勘定科目は，以下のとおりである（「中小企業の会計に関する研究会」中間報告書21頁を引用）。

個別勘定科目	改訂内容
棚卸資産 （平成20年5月改訂）	棚卸資産の評価基準について，原価法又は低価法による評価から，期末における時価が帳簿価額より下落し，かつ，金額的重要性がある場合は，低価法による評価をすることに変更された。 また，平成22年4月の改訂では，棚卸資産の評価方法について，後入先出法による評価が廃止された。
リース取引 （平成20年5月改訂）	所有権移転外ファイナンス・リース取引について，賃貸借取引に係る方法に準じた会計処理から売買取引に係る方法に準じた会計処理（例外処理として，未経過リース料を注記することで，賃貸借処理に係る方法に準じた会計処理が適用できる）に変更された。

収益・費用の計上 （平成21年4月改訂）	工事契約について，工事完成基準又は工事進行基準による計上のいずれかの選択適用から，工事の進捗部分について成果の確実性が認められる場合（工事収益総額，工事原価総額，決算日における工事進捗度の各要素について信頼性をもって見積もることができる場合）には，工事進行基準を適用し，それ以外の場合には工事完成基準を適用しなければならないことに変更された。
組織再編の会計 （平成22年4月改訂）	企業結合が行われた場合の会計上の分類について，取得，持分の結合，共同支配企業の形成及び共通支配下の取引等の4分類から取得，共同支配企業の形成，共通支配下の取引等の3分類に変更された。
資産除去債務 （平成22年4月改訂）	各論の項目には記載されなかったが，今後の我が国における企業会計慣行の成熟を踏まえつつ引き続き検討することとして，今後の検討課題として追記。

＜要領の留意点及び課題＞

　要領は必要と判断される場合には改訂されるが，「中小企業の会計に関する研究会」中間報告書では，その改訂作業が数年に一度にとどめるべきとしている。

8 記帳の重要性

> 要 領
>
> 　本要領の利用にあたっては，適切な記帳が前提とされている。経営者が自社の経営状況を適切に把握するために記帳が重要である。記帳は，すべての取引につき，正規の簿記の原則に従って行い，適時に，整然かつ明瞭に，正確かつ網羅的に会計帳簿を作成しなければならない。

<要領のポイント>

　記帳が適切に行われることにより，会計帳簿及びこれに基づき作成される計算書類の適正性が確保される。

<要領と中小指針との比較>

　記帳の重要性は，中小指針の総論には記述されていないが，要領と同様，中小指針においても当然に堅持されているものと想定される。

<要領の留意点及び課題>

　会社法432条1項では，適時に，正確な会計帳簿の作成が要求されている。「適時に」とは，記録すべき事実が発生したときには速やかに記帳すべきことが定められたものであり，記録が遅延すればするほど，記載を誤る可能性が高くなることから，日常の取引を適時に記帳するべき旨が定められた。また，「正確な」とは，事実を歪めることなく記帳することが定められたものであり，経営者が経営状況を把握するための基礎となるべきものである。

9 本要領の利用上の留意事項

> **要領**
>
> 本要領の利用にあたっては，上記 1 ～ 8 とともに以下の考え方にも留意する必要がある。
> ① 企業会計は，企業の財政状態及び経営成績に関して，真実な報告を提供するものでなければならない。(真実性の原則)
> ② 資本取引と損益取引は明瞭に区分しなければならない。(資本取引と損益取引の区分の原則)
> ③ 企業会計は，財務諸表によって，利害関係者に対し必要な会計事実を明瞭に表示し，企業の状況に関する判断を誤らせないようにしなければならない。(明瞭性の原則)
> ④ 企業の財政に不利な影響を及ぼす可能性がある場合には，これに備えて適当に健全な会計処理をしなければならない。(保守主義の原則)
> ⑤ 株主総会提出のため，信用目的のため，租税目的のため等種々の目的のために異なる形式の財務諸表を作成する必要がある場合，それらの内容は，信頼しうる会計記録に基づいて作成されたものであって，政策の考慮のために事実の真実な表示をゆがめてはならない。(単一性の原則)
> ⑥ 企業会計の目的は，企業の財務内容を明らかにし，企業の経営状況に関する利害関係者の判断を誤らせないようにすることにある。このため，重要性の乏しいものについては，本来の会計処理によらないで，他の簡便な方法により処理することも認められる。(重要性の原則)

第3部　要領の総論及び各論

＜要領のポイント＞

企業会計原則の一般原則（「正規の簿記の原則」・「継続性の原則」以外）及び注解（「重要性の原則」のみ）が記述されている。

＜パブコメ及び対応＞

要領は，平成23年11月8日に要領（案）を公表し広くコメント募集を行ったが，提出されたコメントとそれに対する回答概要のうち，「総論❾本要領の利用上の留意事項」に係る主なコメント及び「中小企業の会計に関する検討会」の対応は以下のとおりである。

コメント	対応
❾の各項目は正に企業会計原則の考え方であり，「その他の留意すべき考え方（修正後は「本要領の利用上の留意事項」）」と位置付ける事は不適当ではないか。	題名を「本要領の利用上の留意事項」にするとともに，「本要領の利用にあたっては，上記❶〜❽とともに以下の考え方にも留意する必要がある。」という柱書きを付け加えた。

＜要領と中小指針との比較＞

企業会計原則の一般原則及び注解は，中小指針の総論には記述されていないが，要領と同様に，中小指針においても当然に堅持されているものと想定される。

＜要領の留意点及び課題＞

企業会計原則は「一般原則」・「損益計算書原則」・「貸借対照表原則」・「注解」から構成され，法的な強制力はないが，すべての企業が会計処理を行う場合において従わなければならない会計の指針である。

要領では，中小企業経営者・経理担当者等に対し，会計処理を行う際の理解度を深めるため企業会計原則の一般原則及び注解を記述したものと考えられる。

なお，要領に記述されている一般原則及び注解の要旨は，以下のとおりである。

① **真実性の原則**

真実性の原則は、他の一般原則の上位に位置づけられ、企業会計原則全般に共通する原則である。

企業会計は、企業の実態等に応じ採用する会計処理の方法を自由に選択することを認めているが、それは一般に公正妥当と認められる範囲内でのことであって、真実性の原則はその自由性に一定の限界があることを示している。

したがって、作成される財務諸表は「絶対的真実」ではなく、一定の範囲での幅をもった「相対的真実」であるといえる。

② **資本取引と損益取引の区分の原則**

資本取引と損益取引の区分の原則は、企業財務の健全性を保つために要請される原則であり、不健全な経理操作（資本剰余金と利益剰余金の混同等）を防ぐことにより、企業の永続と成長を期待する原則である。

③ **明瞭性の原則**

会計とは、財務諸表によって企業状況や会計事実を明瞭に開示することにより、経営者の説明責任を全うするためのものであり、明瞭性の原則は正規の簿記の原則とともに、正確な財務諸表の開示という企業会計の使命実現のために必要な原則である。

④ **保守主義の原則**

企業の経営維持等のため、債権者の保護・配当や納税のための資金的裏付けのある利益を算出する必要があるための原則である。

⑤ **単一性の原則**

企業は財務諸表を様々な目的のために作成するが、それらの財務諸表の源は一つでなくてはならないという原則であり、二重帳簿や不正経理の防止を目的としている。

⑥ **重要性の原則**

企業会計は、一定の会計処理の方法により正確に行われるべきものであるが、反面では詳細すぎると煩雑になるため、重要性の乏しいものについては簡便な会計処理の採用を認める原則である。

第3部　要領の総論及び各論

10　「中小企業の会計に関する基本要領」の名称についてのパブコメ

　要領は，中間報告策定前の平成23年11月8日に要領（案）を公表し広くコメント募集を行ったが，提出されたコメントとそれに対する回答概要のうち，「中小企業の会計に関する基本要領」の名称に係るコメント及び「中小企業の会計に関する検討会」の対応は以下のとおりである。

コメント	対応
名称について，例えば「中小企業の会計処理通則（注）」という名称が規範的かつ規則的な印象があるとともに，規範，原則，規則等の締め付けを感じさせないし，ルールに即した決算書作成側の自負心と気概を高揚させる効果があるといえる。 　簡易にするということであれば，「簡易会計に関する基本要領」とか，「同族企業の会計に関する基本要領」とか，全く別の名称を付けた方が良い。	本名称は，中小企業の経営者が理解しやすく，また，他のルール等の名称との関係を踏まえた結果のものである。

　上記のように，「中小企業の会計に関する検討会」の対応では，名称の修正に至っていないが，コメントにおける「通則」の意義は以下のとおりである。

＜提言の理由：根拠＞

（注）「通則」の意義

根拠 ⇒ 原則樹立の過程において多くの行為を整序し一般的な行為とその根拠を要約的に表現したものを「会計通則（accounting rule）」と呼び，この各通則を手段と目的に帰着させて体系的に叙述したものを「会計原則（accounting principles）」と称している（リトルトンA.C.）。

「会計学辞典　神戸大学会計学研究室　同文館出版」
　パブコメ提言者　日本税務会計学会（東京税理士会学術研究機関）学会長　平川忠雄

2 各　論

1 収益，費用の基本的な会計処理

> 要　領
>
> (1) 収益は，原則として，製品，商品の販売又はサービスの提供を行い，かつ，これに対する現金及び預金，売掛金，受取手形等を取得した時に計上する。
> (2) 費用は，原則として，費用の発生原因となる取引が発生した時又はサービスの提供を受けた時に計上する。
> (3) 収益とこれに関連する費用は，両者を対応させて期間損益を計算する。
> (4) 収益及び費用は，原則として，総額で計上し，収益の項目と費用の項目とを直接に相殺することによってその全部又は一部を損益計算書から除去してはならない。

＜要領の解説＞

① 企業利益の算定方法

　企業の利益は，一定の会計期間における収益から費用を差し引いたものであり，収益と費用をどのように計上するかが重要となる。

　ここで，収益と費用は，現金及び預金の受取り又は支払いに基づき計上するのではなく，その発生した期間に正しく割り当てられるように処理することが必要となる。

② 収益は実現主義により計上

　収益のうち，企業の主たる営業活動の成果を表す売上高は，(1)にあるように，製品，商品の販売又はサービスの提供を行い，かつ，それに対する対価（現金及び預金，売掛金，受取手形等）を受け取った時（売掛金の場合には，発生した時）に認識するのが原則的な考え方である（一般に「実現主義」という。）。

　実務上，製品や商品の販売の場合には，売上高は，製品や商品を出荷した時に計上する方法が多く見られるが，各々の企業の取引の実態に応じて，決定することとなる。

③ 費用は発生主義により計上

　費用については，(2)にあるように，現金及び預金の支払いではなく，費用の発生原因となる取引が発生した時又はサービスの提供を受けた時に認識するのが原則的な考え方である（一般に「発生主義」という。）。

④ 収益と費用は費用収益対応の原則により計上

　適正な利益を計算するために，費用の計上は，(3)にあるように，一定の会計期間において計上した収益と対応させる考え方も必要となる。例えば，販売した製品や商品の売上原価は，売上高に対応させて費用として計上することが必要になる。

⑤ 収益と費用は総額主義により計上

　(4)にあるように，収益と費用は原則として総額で計上する必要がある。例えば，賃借している建物を転貸する場合は，受取家賃と支払家賃の双方を計上することとなる。

　(注)　上記の 要領 及び＜要領の解説＞は，「中小企業の会計に関する検討会報告書（中間報告）」の原文を引用している。ただし，＜要領の解説＞は若干修正し，①～⑤の各タイトルを付け加えている（以下 各論 において同じ）。

＜パブコメ及び対応＞

　要領は，中間報告前の平成23年11月8日に要領（案）を公表し広くコメント募集を行ったが，提出されたコメントとそれに対する回答概要のうち，「各論■収益，費用の基本的な会計処理」に係る主なコメント及び「中小企業の会計

に関する検討会」の対応は以下のとおりである。

コ　メ　ン　ト	対　応（回　答）
中小指針や法人税法などの用語の表記との整合性が必要ではないか。 （例　製品，商品の販売又はサービスの提供 ⇒資産の販売又は役務の提供。） （理由）　会社法は，基本的に公正な会計慣行に委ねることから，用語の表記は会計基準などの表記にすべきと考える。	本要領は，中小企業の経営者に理解しやすく，本要領の利用を想定する中小企業に必要な事項を簡潔かつ可能な限り平易に記載したものである。
工事進行基準に関しては，本要領に貸倒引当金等と同様に法人税法の規定が採用できる旨を記述すべきではないか。	本要領は，本要領の利用を想定する中小企業の実務において一般的に必要と考えられる会計処理について取りまとめたものである。本要領に記載のない会計処理については，総論5によって対応できる。
枠内(2)の「取引の発生」は「取引が発生した時」とした方が自然ではないか。	ご指摘を踏まえ，修正した。

＜要領と中小指針との比較＞

要領と中小指針を比較すると，以下のように，要領は企業会計原則のうち一般原則及び損益計算書原則に基づく記述になっているが，基本的な考え方に相違はない。

会計処理項目	要領及び解説	中　小　指　針
収益及び費用の計上に関する一般原則	一般原則を平易に記述	左記をより簡潔に記述
収益の認識基準	実現主義の原則を平易に記述	左記をより詳細に記述
費用の認識基準	発生主義の原則を平易に記述	左記をより簡潔に記述
費用・収益対応の原則	記述あり	一般原則を記述
総額主義の原則	記述あり	記述なし

① 収益及び費用の計上に関する一般原則

収益及び費用の計上に関する一般原則は，要領と中小指針の対象法人の相違から，要領は中小指針と比較して平易に記述したものと考えられる。

② 収益の認識基準

収益の認識基準について，要領では，実現主義のうち出荷基準を例示するとともに取引の実態に応じて各企業が決定する旨を平易に記述しているが，中小指針では，以下のように販売契約の区分に応じた収益認識基準を具体的に掲げている（中小指針73項(1)・(2)・(3)）。

(1) 一般的な販売契約における収益認識基準

区　　分	収益認識基準
出荷基準	製品，商品等を出荷した時点
引渡基準	製品，商品等を得意先に引き渡した時点
検収基準	得意先が製品等の検収をした時点

上記のほか，輸出を伴う場合には，船荷基準，通関基準等がある。

(2) 特殊な販売契約における収益認識基準

区　　分	収益認識日等
委託販売	受託者が委託品を販売した日（仕切精算書又は売上計算書に記録）。 ただし，販売のつど送付されている場合には，当該仕切精算書が到達した日をもって売上収益の実現の日とみなすことができる。
試用販売	得意先が買取りの意思を表示したとき。
予約販売	予約金受取額のうち，事業年度の末日までに商品の引渡し又は役務の給付が完了した分。残額は貸借対照表の負債の部に記載して次期以降に繰り延べる。
割賦販売	原則として，商品等を引き渡した日。ただし，割賦金の回収期限の到来の日又は割賦金の入金の日とすることができる。

(3) その他

区　分	収益認識方法
工事契約（ソフトウェアを含む）	工事の進行途上においても，その進捗部分について成果の確実性が認められる場合には，工事進行基準を適用し，この要件を満たさない場合には工事完成基準を適用する。成果の確実性が認められるためには，次の各要素について，信頼性をもって見積もることができなければならない。 (1)　工事収益総額 (2)　工事原価総額 (3)　決算日における工事進捗度

　上記の収益認識基準のうち，中小指針の工事契約に係る収益認識方法は，工事契約に関する会計基準（企業会計基準第15号，以下「**1**収益，費用の基本的な会計処理」において「会計基準」という。）を基礎としたものであり，会計基準では工事契約に係る収益認識基準以外に，以下の取扱いが定められている。

　イ　対象となる工事契約の範囲

　会計基準の対象となる工事契約とは，仕事の完成に対して対価が支払われる請負契約のうち，土木・建築・造船や一定の機械装置の製造等，基本的な仕様や作業内容を顧客の指図に基づいて行うものをいうが（会計基準4），受注制作のソフトウェアも含まれる（会計基準5）。

　ロ　工事進行基準の適用により計上される未収入額

　工事進行基準を適用した結果，工事の進行途上において計上される未収入額については，金銭債権として取り扱う（会計基準17）。

　ハ　工事契約から損失が見込まれる場合の取扱い

　工事契約について，工事原価総額等が工事収益総額を超過する可能性が高く，かつ，その金額を合理的に見積もることができる場合には，その超過すると見込まれる額（以下「工事損失」という。）のうち，当該工事契約に関して既に計上された損益の額を控除した残額を，工事損失が見込まれた期の損失として

処理し，工事損失引当金を計上する（会計基準19）。

上記の取扱いは，当該工事契約について適用されている工事契約に係る認識基準が工事進行基準であるか工事完成基準であるかにかかわらず，また，工事の進捗の程度にかかわらず適用される（会計基準20）。

③ 費用の認識基準

費用の認識基準については，要領及び中小指針（中小指針74項）のいずれも，発生主義によることが記述されている。

④ 費用・収益対応の原則

費用・収益対応の原則は，一定の会計期間の適正な利益を計算するため必要な会計原則であるため，要領及び中小指針（中小指針72項）のいずれにも，その記述がある。

⑤ 総額主義の原則

総額主義の原則は，要領に記述はあるが中小指針には記述がない。中小指針にその記述がないからといって，中小指針は総額主義の原則を放棄したものではないと考えるべきであろう（記述を省略したものと考えられる）。

＜要領と法人税法との比較＞

要領と法人税法を比較すると，以下のように基本的な部分での相違はない。

会計処理項目	要領及び解説	法 人 税 法
収益及び費用の計上に関する一般原則	一般原則を平易に記述	公正処理基準による旨を規定
収益の認識基準	実現主義の原則を平易に記述	同上
費用の認識基準	発生主義の原則を平易に記述	同上
費用・収益対応の原則	記述あり	規定あり
総額主義の原則	記述あり	公正処理基準による旨を規定

① 収益及び費用の計上に関する一般原則

　収益及び費用の計上に関する一般原則について，要領と法人税法に基本的な考え方の相違はないが，法人税基本通達において収益等の計上について具体的な取扱いが定められている。

　法人税法では，確定決算主義に基づき（法法74①），別段の定めがあるものを除き，各事業年度の収益の額及び売上原価等・費用・損失は，一般に公正妥当な会計処理の基準（以下「公正処理基準」という。）に従って計算されるものと規定している（法法22④）。

　また，法人税法では，各事業年度の所得に対する法人税の課税標準は各事業年度の所得金額とされ（法法21），各事業年度の所得金額は，その事業年度の益金の額から損金の額を控除して計算する（法法22①）。

$$\begin{pmatrix}各事業年度の所得\\に対する所得金額\end{pmatrix} = \begin{pmatrix}その事業年度\\の益金の額\end{pmatrix} - \begin{pmatrix}その事業年度\\の損金の額\end{pmatrix}$$

② 収益の認識基準

　収益の認識基準についても，要領と法人税法に基本的な考え方の相違はない。法人税法では，各事業年度の所得金額の計算上，益金の額に算入すべき金額は，別段の定め（法人税法23条（受取配当等の益金不算入）以降の規定）を除き，以下の収益の額としている（法法22②）。

- 資産の販売に係る収益の額
- 有償又は無償※による資産の譲渡に係る収益の額
- 有償又は無償※による役務の提供に係る収益の額
- 無償※による資産の譲受けに係る収益の額
- その他の取引で資本等取引以外のものに係るその事業年度の収益の額
    ※　無償には低額譲渡等も含まれるものと解されている。

　法人税基本通達では，具体的に収益等の計上に関する通則が次のように定められている。

　・棚卸資産の販売による収益　　　（法基通2－1－1～2－1－4）

- 請負による収益　　　　　　　　　（法基通2－1－5～2－1－13）
- 固定資産の譲渡等による収益　　　（法基通2－1－14～2－1－21の3）
- 有価証券の譲渡による損益　　　　（法基通2－1－22～2－1－23の4）
- 利子・配当・使用料等による収益（法基通2－1－24～2－1－31）
- その他の収益等　　　　　　　　　（法基通2－1－32～2－1－48）

上記の収益認識基準のほか，法人税法では工事の請負に係る収益等の帰属事業年度について，以下の規定が定められている（法法64）。

長期大規模工事に該当する工事の請負（下表の要件に該当する工事の請負）は，法人の確定した決算における経理処理にかかわらず工事進行基準の方法により計算した各事業年度の収益の額及び費用の額が益金の額及び損金の額に算入される（工事進行基準が強制適用）。

一方，長期大規模工事に該当しない工事の請負は，法人の確定した決算における経理処理を通じて工事進行基準の方法が選択できる（工事進行基準と工事完成基準との選択適用）。

工事契約の区分		
長期大規模工事	その他の工事	
以下のいずれにも該当する工事契約をいう。 ・ 着手の日から目的物引渡しの期日までの期間が1年以上（法法64①） ・ 請負対価の額が10億円以上（法令129①） ・ 請負対価の額の2分の1以上が目的物引渡しの期日から1年を経過する日後に支払われるものでないこと（法令129②）	長期大規模工事以外の工事契約で2事業年度以上にわたるもの	左記以外の工事契約

（強制適用）→ 工事進行基準　　（強制適用）→ 工事完成基準

③ 費用の認識基準

　費用の認識基準についても，要領と法人税法に基本的な考え方の相違はない。法人税法では，各事業年度の所得金額の計算上，損金の額に算入すべき金額は，別段の定めを除き，次に掲げる額としている（法法22③）。

イ　売上原価等の額（法法22③一）
　・　その事業年度の収益に係る売上原価の額
　・　その事業年度の収益に係る完成工事原価の額
　・　その事業年度の収益に係るその他上記に準ずる原価の額

ロ　販売費・一般管理費等の額（法法22③二）
　・　その事業年度の販売費・一般管理費その他の費用（償却費以外の費用でその事業年度終了の日までに債務の確定しないものを除く。）の額

ハ　損失の額（法法22③三）
　・　その事業年度の損失の額で資本等取引以外の取引に係るもの

④ 費用・収益対応の原則

　費用・収益対応の原則は，要領だけでなく法人税法にも規定がある。上記③から，法人税法では費用の認識基準（法法22③）において，売上原価等の額は個別対応により収益が計上された事業年度に計上し，販売費・一般管理費等の額は期間対応により発生した事業年度に計上され，損失の額は費用収益対応の原則になじまないため，発生した事業年度に計上することが規定されている。

売上原価等の額	販売費・一般管理費等の額	損失の額
収益との個別対応により計上（収益と直接対応）	期間対応により発生した事業年度に計上（収益と間接対応）	発生した事業年度に計上（収益との対応関係なし）

⑤ 総額主義の原則

　総額主義の原則は，要領に記述はあるが法人税法には具体的な規定はない。しかし，法人税法では別段の定めがあるものを除き，公正処理基準により各事業年度の所得金額を計算することになっており（法法22①），公正処理基準には総額主義の原則も包含されていることから，要領と法人税法に考え方の相違

はないものと考えられる。

<要領の留意点及び課題>
① 収益及び費用の計上に関する一般原則

収益及び費用の計上に関する一般原則について，要領・中小指針及び法人税法における基本的な考え方に相違はないことから，中小企業は要領を基本として中小指針及び法人税法の規定を考慮し会計処理を行うことになろう。

しかし，収益の認識基準のうち，工事契約に係る収益の認識基準は要領にその記述がないことから，総論**5**により，中小企業は中小指針（会計基準）又は法人税法に基づき会計処理を行うことになるが，両者には以下の相違がある。

項　　目	中小指針（会計基準）	法　人　税　法
工事契約に係る認識基準	工事進行基準の要件を満たす場合に限り，工事進行基準が適用される。	長期大規模工事に該当する場合には工事進行基準が強制適用され，他の長期工事は工事進行基準と工事完成基準が選択適用される。
工事進行基準が適用される工事契約	工事の進行途上において進捗部分について成果の確実性が認められる工事契約をいい，工事の期間は問わない（会計期間をまたぐ工事であれば可）。	長期大規模工事に該当する工事であること（工事期間が1年以上であり，請負対価が10億円以上であること）。
工事損失引当金	工事損失が見込まれた期の損失として処理し，工事損失引当金を計上する。	工事損失引当金は損金の額に算入しない。

上記のように，中小指針により会計処理を行う場合には，工事進行基準の適用に際し「成果の確実性が認められる工事契約」か否かを判断する必要があるが（相当の困難を伴う），法人税法の規定によれば，工事進行基準の適用は形式基準により判定できるため（容易に判断できる），中小企業は工事進行基

の適用について法人税法の規定を採用することになる。

② 収益及び費用の認識基準

　収益及び費用の認識基準について，要領・中小指針及び法人税法における基本的な考え方に相違はないことから，中小企業は要領を基本として中小指針及び法人税法の規定を考慮し会計処理を行うことになる。

③ 費用・収益対応の原則及び総額主義の原則

　費用・収益対応の原則及び総額主義の原則も，要領・中小指針及び法人税法における基本的な考え方に相違はないことから，上記②と同様に，中小企業は要領を基本として中小指針及び法人税法の規定を考慮し，会計処理を行うことになる。

2 資産，負債の基本的な会計処理

> **要　領**
>
> (1) 資産は，原則として，取得価額で計上する。
> (2) 負債のうち，債務は，原則として，債務額で計上する。

＜要領の解説＞

① **取得原価による資産計上**

　資産には，金銭債権，有価証券，棚卸資産，固定資産等が含まれるが，これらは原則として，(1)にあるように，取得価額，すなわち，資産を取得するために要した金額を基礎として，貸借対照表に計上する（一般に「取得原価主義」という。）。したがって，取得した後の時価の変動は，原則として，会計帳簿に反映されない。

② **取得価額の定義**

　「取得価額」とは資産の取得又は製造のために要した金額のことをいい，例えば，購入品であれば，購入金額に付随費用を加えた金額をいう。

③ **取得原価の定義**

　「取得原価」は取得価額を基礎として，適切に費用配分した後の金額のことをいい，例えば，棚卸資産であれば，総平均法等により費用配分した後の金額をいう。

④ **債務額による負債計上**

　一方，負債には，金銭債務や引当金等が含まれるが，このうち債務については，(2)にあるように，債務を弁済するために将来支払うべき金額，すなわち，債務額で貸借対照表に計上する。

2 各 論

＜パブコメ及び対応＞

　要領は，平成23年11月8日に要領（案）を公表し広くコメント募集を行ったが，提出されたコメントとそれに対する回答概要のうち，「各論❷資産，負債の基本的な会計処理」に係る主なコメント及び「中小企業の会計に関する検討会」の対応は以下のとおりである。

コ メ ン ト	対 応（回 答）
(3)「資産の取得価額，負債の債務額を税務規定に即して計上することもできます」という規定を設けるべきである。	本要領は，税制との調和を図った上で，会社法上の計算書類等を作成する際に参照するための会計処理等を示すものであり，税務における取扱い方法について記載するものではない。
資産，負債，金銭債権，金銭債務などの主な定義規定を本文に記載すべきである。 （例　資産とは，金銭債権，有価証券，棚卸資産，固定資産等をいう。） （例　負債とは，金銭債務（買掛金，未払金）等をいう。）	本要領は，中小企業の経営者に理解しやすく，本要領の利用を想定する中小企業に必要な事項を簡潔に記載したものである。
付随費用など，解説に主な用語の説明を記載すべきである。 （例　付随費用とは，引取運賃，荷役費，運送保険料，購入手数料，関税等その他購入のために要した費用等をいう。なお，整理，選別，手入れ等に要した費用の額その他の一定の費用の額で少額なものは算入しないことができる。）	
重要性の原則の観点から例外的な会計処理を説明する。 例）　重要性の原則により，少額な付随費用は取得価額に加えないことができる。 例）　重要性の原則により，減価償却資産	本要領は，本要領の利用を想定する中小企業の実務において一般的に必要と考えられる会計処理について取りまとめたものである。本要領に記載のない会

| のうち取得価額が少額のものについては，取得して事業の用に供した事業年度の費用として処理することができる。 | 計処理については，総論**5**によって対応できる。 |

<要領と中小指針との比較>

　要領と中小指針を比較すると，資産計上は両者ともに取得原価主義によるが，中小指針では一部時価主義が導入されている。また，債務も同様に債務額により負債計上するが，中小指針では一部時価主義が導入されている。

会計処理項目	要領及び解説	中 小 指 針
取得原価による資産計上	取得原価主義による	時価評価する場合がある
取得価額の定義	各論の他の勘定科目にも記述あり	各論の勘定科目に記述あり
取得原価の定義	各論の他の勘定科目にも記述あり	各論の勘定科目に一部記述あり
債務額による負債計上	債務額による	時価評価する場合がある

① 取得原価による資産計上

　要領の資産評価方法は，原則として取得原価主義を採用しているが，中小指針では改訂が行われるごとに時価主義が導入されている。

② 取得価額の定義

　取得価額とは購入金額に付随費用を加えた金額をいい，要領と中小指針に考え方の相違はないが，要領では資産を一括して取得価額の定義規定を設けているのに対し，中小指針では勘定科目ごとに定義規定を設けている（有価証券（20項），棚卸資産（26項），固定資産（33項））。

③ 取得原価の定義

　取得原価は取得価額を基礎として適切に費用配分した後の金額のことをいい，要領と中小指針に考え方の相違はないが，要領では資産を一括して取得原価の定義規定を設けているのに対し，中小指針では勘定科目ごとに定義規定を設け

ている（有価証券（21項），棚卸資産（27項））。
④　債務額による負債計上
　要領の債務額の負債計上は，原則として債務額による。中小指針においても債務額を付すことになっているが，デリバティブ取引は時価により貸借対照表に計上する（47項）。

＜要領と法人税法との比較＞

要領と法人税法を比較すると，以下のように基本的な部分での相違はない。

会計処理項目	要領及び解説	法 人 税 法
取得原価による資産計上	取得原価主義による	左記をより詳細に規定
取得価額の定義	他の個別の勘定科目にも記述あり	左記をより詳細に規定し，基本通達で緩和した取扱いがある
取得原価の定義	他の個別の勘定科目にも記述あり	同上
債務額による負債計上	債務額による	債務額による

①　取得原価による資産計上
　取得原価による資産計上について，要領と法人税法に基本的な相違はない。詳細は各論の「5有価証券」・「6棚卸資産」・「8固定資産」を参照。
②　取得価額・取得原価の定義
　取得価額・取得原価の定義についても，要領と法人税法に基本的な相違はない。詳細は各論の「5有価証券」・「6棚卸資産」・「8固定資産」を参照。
③　債務額による負債計上
　債務額による負債計上も，要領と法人税法に基本的な相違はない。詳細は各論の「3金銭債権及び金銭債務」・「11引当金」を参照。

<要領の留意点及び課題>

① 取得原価による資産計上

要領は，国際会計基準の影響を遮断し，中小企業に過重な負担を課さないこと等に配慮し，資産計上額は取得原価主義を採用しているが，中小指針は国際会計基準の間接的な影響を受け，大幅な時価主義が導入されている。

② 取得価額・取得原価の定義及び負債計上額

要領は資産の取得価額・取得原価の定義及び債務の負債計上額について，中小企業の経営者が理解できるよう簡潔かつ平易で分かりやすく記述したものと考えられる。

3 金銭債権及び金銭債務

> 要　領
>
> (1) 金銭債権は，原則として，取得価額で計上する。
> (2) 金銭債務は，原則として，債務額で計上する。
> (3) 受取手形割引額及び受取手形裏書譲渡額は，貸借対照表の注記とする。

〈要領の解説〉

① 金銭債権の計上額

　受取手形，売掛金，貸付金等の金銭債権は，(1)にあるように，原則として，取得価額で計上する。

　なお，社債を額面金額未満で購入する場合には，決算において，額面金額と取得価額との差額を購入から償還までの期間で按分して受取利息として計上するとともに，貸借対照表の金額を増額させることができる。

② 金銭債務の計上額

　支払手形，買掛金，借入金等の金銭債務は，(2)にあるように，原則として，債務額で計上する。

　ただし，社債を額面金額未満で発行する場合，額面金額（債務額）と発行額が異なることとなる。この場合は，発行額で貸借対照表の負債に計上し，決算において，額面金額と発行額との差額を発行から償還までの期間に按分して支払利息として計上するとともに，貸借対照表の金額を増額させることができる。

③ 注記事項

　取得価額で計上した受取手形を取引金融機関等で割り引いたり，裏書きをして取引先に譲渡した場合は，この受取手形は貸借対照表に計上されなくなるが，

経営者や金融機関が企業の資金繰り状況を見る上で，受取手形の割引額や裏書譲渡額の情報は重要であるため，受取手形割引額及び受取手形裏書譲渡額は注記することとなる。

<パブコメ及び対応>

要領は，平成23年11月8日に要領（案）を公表し広くコメント募集を行ったが，提出されたコメントとそれに対する回答概要のうち，「各論❸金銭債権及び金銭債務」に係る主なコメント及び「中小企業の会計に関する検討会」の対応は以下のとおりである。

コメント	対　応
(4)「関係会社，グループ法人に係る金銭債権及び金銭債務は区別して表示します」という規定を設けるべきである。	会社計算規則では要求されていないことから，本要領では記載を要求していない。
最近は中堅企業においてもデリバティブ取引が行われている。要領においてもデリバティブ取引の処理について触れておく必要があるのではないか。	本要領は，本要領の利用を想定する中小企業の実務において一般的に必要と考えられる会計処理について取りまとめたものである。本要領に記載のない会計処理については，総論❺によって対応できる。
「額面金額超過」の場合も示す必要はないか。あるいは記載を省略するのであれば，「額面金額未満」が例示であることを示す必要はないか。	

＜要領と中小指針との比較＞

会計処理項目	要領及び解説	中小指針
金銭債権・債務の範囲	金銭債権については，受取手形，売掛金，貸付金等とされ，金銭債務については，支払手形，買掛金，借入金等とされている	同左
貸借対照表の原則的な計上額	原則として，金銭債権については取得価額を，金銭債務については債務額で計上	左記の内容のほか，債務額については網羅的に計上するとの記述もされている
貸借対照表の表示	記述あり	同左
割引手形の会計処理	記述なし	記述あり
社債の処理	社債を額面金額未満で購入する場合，又は，社債を額面金額未満で発行する場合には，決算において，額面金額と取得価額との差額を購入から償還までの期間で按分して貸借対照表の金額を増額させることができる	左記と同様の記述であるが，社債を額面金額未満で購入した場合において，重要性が乏しい場合には，決済時点において差額を損益として認識できることもできる記述がある
時価評価	記述なし	記述あり
デリバティブ取引	記述なし	記述あり
注記	受取手形割引額及び受取手形裏書額について，注記をする	同左

① 金銭債権・債務の範囲と貸借対照表の原則的な計上額

　金銭債権・債務の範囲及び貸借対照表の原則的な計上額について，中小指針では金銭債権の範囲に預金が記述されているものの，その他の内容には要領及び中小指針については同様のものと考えられる。ただし，金銭債務について，

要領では特に明記されていないが，中小指針では網羅的に計上すべきとの記述がされている。

　なお，要領では，社債の会計処理についても触れているため，社債も金銭債権の範囲に含めているものと解される。

② **貸借対照表の表示**

　要領においては，Ⅲ様式集に金銭債権の科目が表示されているのみであるが，中小指針では，以下のように営業上のものと営業上以外のものに区分することや，関係会社に対する金銭債権・債務の表示方法についても言及している。

中小指針15項　貸借対照表上の表示
(1)　営業上の債権

　　受取手形（通常の取引（当該会社の事業目的のための営業活動において，経常的に又は短期間に循環して発生する取引をいう。）に基づいて発生した手形債権）及び売掛金（通常の取引に基づいて発生した事実上の未収金）は，流動資産の部に表示する。ただし，これらの金銭債権のうち破産債権，再生債権，更生債権その他これらに準ずる債権で事業年度の末日の翌日から起算して1年以内に弁済を受けることができないことが明らかなものは，投資その他の資産の部に表示する。

(2)　営業上以外の債権

　　(1)以外の債権であって，事業年度の末日の翌日から起算して1年以内に現金化できると認められるものは，流動資産の部に表示し，それ以外のものは，投資その他の資産の部に表示する。

(3)　関係会社

　　関係会社に対する金銭債権は，次のいずれかの方法により表示する。

　　①　その金銭債権が属する項目ごとに，他の金銭債権と区分して表示する。

② その金銭債権が属する項目ごとに，又は2以上の項目について一括して，注記する。

中小指針46項　貸借対照表の表示
(1) 営業上の債務
　　買掛金，支払手形その他営業取引によって生じた金銭債務は，流動負債の部に表示する。
(2) 営業上の債務以外の債務
　　借入金その他(1)の金銭債務以外の金銭債務で，事業年度の末日の翌日から起算して1年以内に支払又は返済されると認められるものは，流動負債の部に表示する。
(3) 関係会社に対する金銭債務
　　関係会社に対する金銭債務は，次のいずれかの方法により表示する。
　① その金銭債務が属する項目ごとに，他の金銭債務と区分して表示する。
　② その金銭債務が属する項目ごとに，又は2以上の項目について一括して，注記する。

③　社債の処理
　イ　社債を購入したときの処理
　要領においては，社債を額面金額未満で購入する場合には，図のように，決算において，額面金額と取得価額との差額を購入から償還までの期間で按分して受取利息として計上するとともに，貸借対照表の金額を増額させることができるとされている。

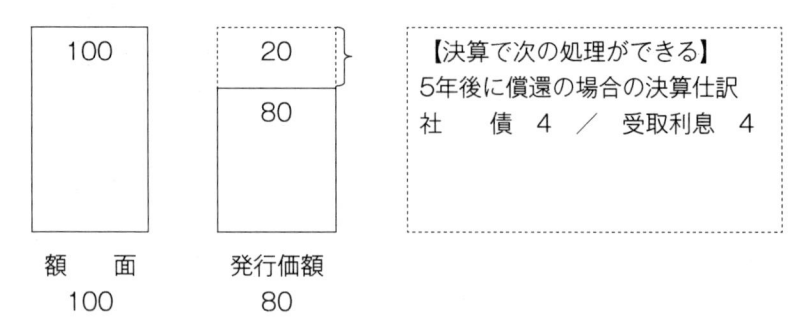

```
 100         20      ┐   ┌──────────────────────────┐
             ──        │【決算で次の処理ができる】│
             80        │5年後に償還の場合の決算仕訳│
                       │ 社   債  4 ／ 受取利息 4  │
                       └──────────────────────────┘
 額 面    発行価額
  100       80
```

これに対して，中小指針では，債権金額と異なる価額で債権を取得したときは，償却原価法に基づいて算定された価額をもって貸借対照表価額とするとしながらも，重要性が乏しい場合には，決済時点において差額を損益として認識することもできるとのことから，要領と同様の内容となっている。

また，中小指針では社債に限定していないが，社債以外で，債権金額と異なる価額により債権を取得することは中小企業の実務ではあまりないものと考えられる。

ロ　社債を発行したときの処理

要領においては，社債を額面金額未満で発行する場合，額面金額（債務額）と発行額が異なる場合に，発行時に発行額で貸借対照表の負債に計上し，決算において，額面金額と発行額との差額を発行から償還までの期間で按分して支払利息として計上するとともに，貸借対照表の金額を増額させることができる。

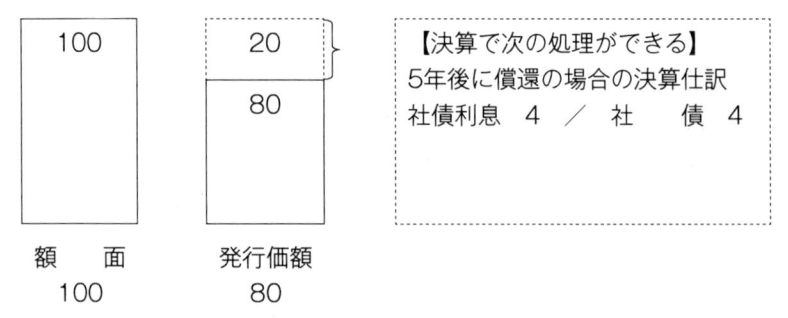

```
 100         20      ┐   ┌──────────────────────────┐
             ──        │【決算で次の処理ができる】│
             80        │5年後に償還の場合の決算仕訳│
                       │ 社債利息 4 ／ 社   債  4 │
                       └──────────────────────────┘
 額 面    発行価額
  100       80
```

これに対して中小指針では，払込みを受けた金額が債務額と異なる社債は，償却原価法に基づいて算定された価額をもって貸借対照表価額とされている。

④ 時価評価

中小指針では，市場価格のある金銭債権については，時価又は適正な価格をもって貸借対照表価額とし，評価差額は，当期の損益として処理することができるものとされている。中小企業の実務では，市場価格のある金銭債権である譲渡性預金やコマーシャルペーパーなどを取得することはあまりないものと考えられるためか，要領においては，時価評価についての記述はない。

⑤ デリバティブ取引

要領においては，デリバティブ取引の記述はされていない。これに対して中小指針では，以下のように記述されている。

> 中小指針16項　デリバティブ
> 　デリバティブ取引により生じる正味の債権及び債務は，時価をもって貸借対照表価額とし，評価差額は，当期の損益として処理する。ただし，ヘッジ目的でデリバティブ取引を行った場合，ヘッジ対象資産に譲渡等の事実がなく，かつ，そのデリバティブ取引がヘッジ対象資産に係る損失発生のヘッジに有効である限り，損益の繰延べが認められる。

> 中小指針47項　デリバティブ
> 　デリバティブ取引により生じる正味の債権及び債務は，時価をもって貸借対照表価額とし，評価差額は，当期の損益として処理する。
> 　ただし，金融機関から融資と組み合わせて金利スワップ契約を締結した場合において，借入金の金額と金利スワップの元本の金額が同額である等の一定の要件を満たしているときは，時価評価を行う必要がないことに留意する。

＜要領と法人税法との比較＞

会計処理項目	要領及び解説	法　人　税
金銭債権の範囲	社債の会計処理に触れているため、社債も含めているものと考えられる	社債は有価証券に含まれている
債権の取得差額の処理	社債に限定して記述あり	通達により取扱いを定めている
社債を発行した場合の処理	社債を額面金額未満で発行する場合には、決算において、額面金額と取得価額との差額を購入から償還までの期間で按分して貸借対照表の金額を増額させることができる	金銭債務に係る償還差益又は償還差損として益金算入又は損金算入することとされている
デリバティブ取引	記述なし	未決済のデリバティブ取引については、期末に決済したものとみなして益金又は損金の額に算入する

① **金銭債権の範囲**

　要領では、金銭債権・債務の項目において社債の会計処理に触れているため、社債も金銭債権の範囲に含めているものと考えられるが、法人税法においては社債は、有価証券として取り扱われている。

② **債権の取得差額の処理**

　要領では、債権の取得差額の処理について社債に限定した記述であるのに対して、法人税法では受取手形などの金銭債権も含まれるものとされている。また、法人税法では、債権の取得差額の処理について、利息の調整と認められる部分に関しては、支払期日までの期間に応じて益金の額又は損金の額に算入することとされているが、この調整差額の算定が困難な場合には調整を要しない。

> 法基通2－1－34
> 　金銭債権をその債権金額に満たない価額で取得した場合又は債権金額を超える価額で取得した場合において，その債権金額とその取得に要した価額との差額に相当する金額(実質的に贈与と認められる部分の金額を除く)の全部又は一部が金利の調整により生じたものと認められるときは，当該金銭債権に係る支払期日までの期間の経過に応じ，利息法又は定額法に基づき当該取得差額の範囲内において金利の調整により生じた部分の金額を益金の額又は損金の額に算入する。
> 　ただし，調整差額を算定することが困難である場合はこの限りでない。

③　デリバティブ取引

　要領では，デリバティブ取引について触れていないが，法人税法においては，事業年度終了の時において未決済となっているデリバティブ取引については，その事業年度終了の時に決済をしたものとみなして算出した利益の額又は損失の額に相当する金額は，益金の額又は損金の額に算入することとされている（法法61の5①）。

＜要領の留意点及び課題＞

①　金銭債権の範囲と取得価額

　中小指針によれば，金銭債権の範囲とは，金銭の給付を目的とする債権をいい，預金，受取手形，売掛金，貸付金等を含むとされている。要領においては，これらの債権のほか，会計処理方法で社債に触れているが，社債は，金銭債権ではなく，有価証券に含めて記述した方が，明確であると考えられる。

②　金銭債務の範囲

　中小指針では，金銭債務を網羅的に計上することが要求されているが，要領では触れていない。

中小企業実務において，金銭債務の一部を敢えて計上しないで，利益を過大にさせることがあった場合に，税務調査で特に指摘されることはないのが現状である。

しかしながら，金銭債務を網羅的に計上しなければ，毎期の利益の把握が困難となるため，重要性の乏しいものを除き，中小指針に従った処理が必要であると考えられる。

③ 金銭債権の時価評価

中小指針では，市場価格のある金銭債権の時価評価に触れているが，中小企業実務では，市場価格のある金銭債権である譲渡性預金などを取得することは少ないことから，要領では特に触れていないものと考えられる。

また，一般的な金銭債権について「金融商品に関する会計基準」では，活発な市場がない場合が多く，受取手形や売掛金は短期的な決済が予定されていることから，時価評価を行わないものとしている考え方は，要領及び中小指針において相違はない。

④ デリバティブ取引

要領では，デリバティブ取引について特に触れていないが，仮にデリバティブ取引を行った場合には，損益に多大な影響を与える事が少なくないことや，法人税法においても規定がされていることから，要領においても触れておく必要があると考えられるが，前述のハブコメに対し，総論**5**によって対応可能としている。

4 貸倒損失，貸倒引当金

> **要 領**
>
> (1) 倒産手続き等により債権が法的に消滅したときは，その金額を貸倒損失として計上する。
> (2) 債務者の資産状況，支払能力等からみて回収不能な債権については，その回収不能額を貸倒損失として計上する。
> (3) 債務者の資産状況，支払能力等からみて回収不能のおそれのある債権については，その回収不能見込額を貸倒引当金として計上する。

<要領の解説>

貸倒損失

　受取手形，売掛金，貸付金等の金銭債権については，決算時に以下のように貸倒れの可能性について検討する必要がある。

① **破産など，破産手続き等により債権が法的に消滅した場合**

　(1)にあるように，顧客や貸付先の倒産手続き等によって，又は債務の免除によって，債権が法的に消滅したときには，その消滅した金額を債権の計上額から直接減額するとともに，貸倒損失として費用に計上する必要がある。

② **債務者の資産状況，支払能力等からみて債権が回収不能と見込まれる場合**

　法的に債権が消滅していないものの，(2)にあるように，その債務者の資産状況や支払能力等からみて回収不能と見込まれる債権は，その金額を債権の計上額から直接減額するとともに，貸倒損失として費用に計上する必要がある。

　これには，債務者が相当期間債務超過の状態にあり，弁済することができないことが明らかである場合等が考えられる。

> 貸倒引当金

　上記の金銭債権については，決算時に以下のように貸倒れの可能性について検討する必要がある。

① 債務者の資産状況，支払能力等からみて債権が回収不能のおそれがある場合

　未だ回収不能な状況とはなっていないものの，債務者の資産状況や支払能力等からみて，回収不能のおそれがある債権額については，(3)にあるように，回収不能と見込まれる金額で貸倒引当金を計上し，貸倒引当金繰入額を費用として計上する。

② 法人税法上の貸倒引当金の計算方法の採用

　決算期末における貸倒引当金の計算方法としては，債権全体に対して法人税法上の中小法人に認められている法定繰入率で算定することが実務上考えられる。また，過去の貸倒実績率で引当金額を見積る方法等も考えられる。

> <パブコメ及び対応>

　要領は，平成23年11月8日に要領（案）を公表し広くコメント募集を行ったが，提出されたコメントとそれに対する回答概要のうち，「各論４貸倒損失，貸倒引当金」に係る主なコメント及び「中小企業の会計に関する検討会」の対応は以下のとおりである。

コメント	対応
不良債権の計上を厳格に行うことは，保守性，安全性の観点から極めて重要と考えます。したがって，「回収不能な債権」「回収不能のおそれのある債権」の判断基準を，より明示的に示すべきと考える。	本要領は，中小企業の経営者に理解しやすく，本要領の利用を想定する中小企業に必要な事項を簡潔に記載したものである。
また，税法との整合性は重要であり，税務当局から経費認定される基準を設定していただきたい。	本要領は，税制との調和を図った上で，会社法上の計算書類等を作成する際に参照するための会計処理等を示すものであ

2 各　　論

	り，税務における取扱い方法について記載するものではない。
「貸倒引当金の繰入・繰戻し等の会計処理方法と財務諸表への計上方法」の記述を設けるべきである。	本要領は，本要領の利用を想定する中小企業の実務において一般的に必要と考えられる会計処理について取りまとめたものである。本要領に記載のない会計処理については，総論5によって対応できる。
貸倒引当金が設定されている場合にも該当するよう，貸倒損失が貸倒引当金でカバーされていない部分であることを示す必要はないか。	
解説の3つ目の○において（＜要領の解説＞ 貸倒引当金 ①），「見込まれる金額を見積って」とあるが，見込と見積がかぶっているため「見込まれる金額を」としなくてよいか。	ご指摘を踏まえ，修正した。

＜要領と中小指針との比較＞

貸倒損失

　要領と中小指針を比較すると，ほぼ同様の内容になっているが，以下の項目において相違がある。

項　　目	要領及び解説	中　小　指　針
債権の範囲	金銭債権の範囲を明示	債権の範囲の明示なし
貸倒損失の計上要件	債権が法的に消滅した場合及び法的に消滅していないものの回収不能と見込まれる場合について平易に記述	左記を簡潔に記述
会計処理	記述あり	記述なし
損益計算書上の表示	記述なし	記述あり

① 債権の範囲

要領では，貸倒損失の計上対象となる債権である金銭債権の範囲（受取手形，売掛金，貸付金等）を記述しているが，中小指針では，債権の範囲について言及していないもののその範囲は同様であると考えられる。

なお，要領及び中小指針ともに，貸倒損失の計上対象となる債権を「法的に消滅した債権」と「法的に消滅していない債権」に区分していることは同様である。

② 貸倒損失の計上要件

要領と中小指針に相違はないが，要領を採用する中小法人に配慮して，中小指針と比較し要件を平易に記述している。

③ 会計処理

要領では会計処理について，「消滅した債権又は回収不能と見込まれる債権は，その金額を債権の計上額から直接減額するとともに，貸倒損失として費用に計上する必要がある」旨の記述があるが，中小指針には会計処理の記述がない。

なお，中小企業の会計の統合に向けた検討委員会から公表された「中小企業の会計に関する指針（案）の概要」では，以下の会計処理が示されていた。

前期末に貸倒引当金600,000円設定されていた金銭債権1,000,000円が，当期において回収不能となった場合には，次のように処理される。

イ　貸倒損失額をその債権金額から直接控除
　　貸倒損失　1,000,000円／金銭債権　1,000,000円
ロ　貸倒損失額と前期末貸倒引当金のうちいずれか少ない金額まで貸倒引当金を取り崩して貸倒損失と相殺
　　貸倒引当金　600,000円　貸倒引当金取崩額　600,000円
　　貸倒引当金取崩益　600,000円　貸倒損失　600,000円

④ 損益計算書上の表示

　要領では，上記③にあるように会計処理のみで，損益計算書上の表示について記述はないが，中小指針では，以下のように損益計算書上の表示について記述している（中小指針17項(2)）。

> (2) 損益計算書上は次のとおり表示する。
> 　① 営業上の取引に基づいて発生した債権に対するもの
> 　　　………………………………………………………販　売　費
> 　② ①，③以外のもの………………………………………営業外費用
> 　③ 臨時かつ巨額のもの………………………………………特　別　損　失

|貸倒引当金|

　要領と中小指針を比較すると，以下のように回収不能見込額の区分・税法基準の採用等の項目において相違がある。

項　　目	要領及び解説	中　小　指　針
貸倒引当金の計上要件	債務者の支払能力等からみて回収不能のおそれがある債権	債務者の財政状態等からみて取立不能のおそれがある金銭債権
回収不能見込額の区分	区分の記述なし	債務者の財政状態及び経営成績に応じて区分
貸倒引当金の算定方法	具体的な記述なし	債務者の区分に応じて記述あり
税法基準の採用	制限なしで認めている	制限を付して認めている
会　計　処　理	記述あり	記述なし
貸借対照表上の表示	記述あり	記述あり
損益計算書上の表示	記述なし	記述あり

① 貸倒引当金の計上要件

貸倒引当金の計上要件は，債務者の支払能力等からみて回収不能のおそれがある債権であり，要領と中小指針に相違はない。

② 回収不能見込額の区分

回収不能見込額の区分について，要領では記述がないが，中小指針では債務者の財政状態及び経営成績に応じて次のように区分し算定することとしている（中小指針18項(3)）。

区　分	定　義	算定方法
一般債権	経営状態に重大な問題が生じていない債務者に対する債権	債権全体又は同種・同類の債権ごとに，債権の状況に応じて求めた過去の貸倒実績率等の合理的な基準により算定する（貸倒実績率法）。
貸倒懸念債権	経営破綻の状態には至っていないが，債務の弁済に重大な問題が生じているか又は生じる可能性の高い債務者に対する債権	原則として，債権金額から担保の処分見込額及び保証による回収見込額を減額し，その残額について債務者の財政状態及び経営成績を考慮して算定する。
破産更生債権等	経営破綻又は実質的に経営破綻に陥っている債務者に対する債権	債権金額から担保の処分見込額及び保証による回収見込額を減額し，その残額を取立不能額とする。

③ 貸倒引当金の算定方法

貸倒引当金の算定方法について，要領では具体的な記述がないが，中小指針では上記②の債務者の財政状態及び経営成績に応じて区分し算定することが記述されている。

④ 税法基準の採用

税法基準（法人税法上の貸倒引当金の計算方法）の採用について，要領では，

制限なしで認めているが，中小指針では，法人税法の区分（後述）に基づいて算定される貸倒引当金繰入限度額が明らかに取立不能見込額に満たない場合を除き，その採用を認めている（中小指針18項(3)なお書き）。

なお，法人税法の区分に基づいて算定される貸倒引当金繰入限度額が明らかに取立不能見込額に満たない場合とは，以下の場合をいう。

> イ　税法基準のうち法定繰入率を選択した場合
> 　　法人税法では，中小法人の一括評価金銭債権に係る貸倒引当金の繰入限度額は，貸倒実績率と法定繰入率との選択適用が認められているため，中小法人が法定繰入率により一括評価金銭債権に係る貸倒引当金の繰入限度額を算定した場合には，取立不能見込額に満たない場合があり得る。
> ロ　税法基準による金銭債権の区分と取立不能見込額の算定区分の相違
> 　　税法基準による貸倒実績率及び法定繰入率の対象となる一括評価金銭債権には，取立不能見込額の算定区分における一般債権のほかに，個別に貸倒見積高を算定すべき貸倒懸念債権及び破産更生債権まで含まれることがあることから（「金融商品会計基準（企業会計基準第10号，以下「４貸倒損失・貸倒引当金」において「会計基準」という）Q＆A」Q39），税法基準により算定した貸倒引当金の繰入限度額が取立不能見込額に満たない場合があり得る。
> ハ　税法基準と取立不能見込額の算定における貸倒実績率の計算方法の相違
> 　　税法基準と取立不能見込額の算定における貸倒実績率の計算方法では，分母と分子の算定期間等に相違があるため，税法基準により算定した貸倒引当金の繰入限度額が取立不能見込額に満たない場合があり得る。

⑤ **会計処理**

　要領では会計処理について,「回収不能のおそれがある債権については, 回収不能と見込まれる金額で貸倒引当金を計上し, 貸倒引当金繰入額を費用として計上」する旨の記述がある。

　中小指針では,「取立不能見込額を貸倒引当金として計上しなければならない」旨の記述のみであり, 以下の⑥貸借対照表上の表示・⑦損益計算書上の表示において詳細な記述がある。

⑥ **貸借対照表上の表示**

　貸借対照表上の表示について, 要領と中小指針に考え方の相違はない。要領では「Ⅲ様式集(後述)」の【記載上の注意】において, 以下のように表示を選択できることになっている。

> 4　貸倒引当金の表示方法は3通りから選択できる。
> 　① 流動資産又は投資その他の資産から一括控除(様式の方法)
> 　② 引当の対象となった各科目(売掛金等)毎に控除し, 表示
> 　③ 引当の対象となった各科目から直接控除し, 控除額を注記

　中小指針では, 上記②の注記を原則とするが, ①及び③の注記によることもできる(中小指針18項(4))。

⑦ **損益計算書上の表示**

　損益計算書上の表示について, 要領では「Ⅲ様式集・個別注記表(後述)」に, 以下のように注記することが例示されている。

> (3)　引当金の計上基準
> 　① 貸倒引当金　債権の貸倒れによる損失に備えるため, 一般債権について法人税法の規定に基づく法定繰入率により計上しています。

　中小指針では, 差額繰入方式により(洗替方式は認められない), 以下のように損益計算書上に表示(貸倒損失と同様)することになっている(中小指針

18項(5))。

> (5) 損益計算書上の表示
> 　　貸倒引当金の繰入，戻入（取崩し）は債権の区分ごとに行う。当期に直接償却により債権額と相殺した後，貸倒引当金に期末残高があるときは，これを当期繰入額と相殺し，繰入額の方が多い場合は，その差額を貸倒引当金繰入額として，次のとおり表示する。
> ① 営業上の取引に基づいて発生した債権に対するもの
> 　　…………………………………………………………販　売　費
> ② ①，③以外のもの………………………………………営業外費用
> ③ 臨時かつ巨額のもの……………………………………特　別　損　失
> 　　また，取崩額の方が多い場合は，その取崩差額を特別利益に計上する。なお，繰入及び戻入について，実務上，いわゆる洗替方式による処理が行われていることが少なくないが，上記の取扱いにより表示されることに留意する。

＜要領と法人税法との比較＞

[貸倒損失]

　要領と法人税法を比較すると，ほぼ同様の内容になっているが，以下の項目において相違がある。

項　　目	要領及び解説	法　人　税　法
貸倒損失の計上要件	債権が法的に消滅した場合及び法的に消滅していないものの回収不能と見積もられる場合について平易に記述	通達により金銭債権を3区分し取扱いを定めている
会計処理	記述あり	金銭債権の区分により損金経理要件の有無が異なる

① 貸倒損失の計上要件

要領では貸倒損失の計上要件について，債権が法的に消滅した場合と回収不能と見積られる場合に区分し判定することになっているが，判定基準は抽象的なものになっている。

法人税法では，貸倒損失の計上要件は法令に規定はなく，以下のように法人税基本通達により取扱いが定められている（法基通9－6－1～9－6－3）。

項　目	法律上の貸倒れ （法基通9－6－1）	事実上の貸倒れ （法基通9－6－2）	形式上の貸倒れ （法基通9－6－3）
債権の種類	金銭債権	金銭債権	売掛債権
貸倒損失計上の判定	次に掲げる事実 イ　更生計画認可決定・再生計画認可決定 ロ　特別清算に係る協定の認可決定 ハ　関係者の協議決定 ニ　債務者の債務超過の状態が相当期間継続し債権者が債務者に債務免除を書面で通知	債務者の資産状況・支払能力等から金銭債権の全額が回収できないことが明らかになった場合	次に掲げる事実 イ　債務者との取引停止後1年以上経過した場合 ロ　売掛債権総額が取立費用未満で督促しても弁済がない場合
貸倒損失金額	上記イからニの事実により切り捨てられることになった部分の金額	担保物処分後の金銭債権の全額	売掛債権から備忘価額を控除した残額
損金算入時期	上記イからニの事実が発生した日の属する事業年度	回収不能が明らかになった事業年度（担保物処分後）	備忘価額を付した事業年度
損金経理の要否	損金経理の有無にかかわらず金銭債権消滅時に損金算入	必要（※）	必要

| 留意点 | 債務者の債務超過に係る相当期間の判断 | 担保物の処分後でなければ貸倒損失計上できない | 継続的な取引を行っていた債務者の売掛債権に限られる |

※ 法人税基本通達9－6－2では，損金経理を絶対要件としていないが，損金経理していない場合には，貸倒損失の発生はないものと推定しその事実を認識していなかったものとする見解があるため，税務調査時のトラブルを回避することを目的として「必要」とした。

② 会計処理

要領では会計処理について，「消滅した債権又は回収不能と見積られる債権は，その金額を債権の計上額から直接減額するとともに，貸倒損失として費用に計上する必要がある」旨の記述があるが，法人税法では，上記①のように「法律上の貸倒れ（法基通9－6－1）」には損金経理要件がない。

[貸倒引当金]

要領と法人税法を比較すると，以下のように貸倒引当金の算定方法等の項目において相違がある。

項　目	要領及び解説	法　人　税　法
貸倒引当金の計上要件	債務者の支払能力等からみて回収不能のおそれがある債権	貸倒れにより損失が見込まれる金銭債権
回収不能見込額の区分	区分の記述なし	金銭債権は2区分する
貸倒引当金の算定方法	具体的な記述なし	金銭債権の区分に応じて規定あり
会計処理	記述あり	洗替方式と差額繰入方式が選択できる

① 貸倒引当金の計上要件

貸倒引当金の計上要件は，債務者の支払能力等からみて回収不能のおそれがある債権であり，要領と法人税法に基本的な相違はない。

② 回収不能見込額の区分

回収不能見込額の区分について，要領では記述がないが，法人税法では個別評価金銭債権と一括評価金銭債権に区分し，それぞれについて次の③に掲げる計算式により繰入限度額（損金算入限度額）算定する（法法52①・②）。

③ 貸倒引当金の算定方法

貸倒引当金の算定方法について，要領では具体的な記述がないが，法人税法では法令等により以下のように金銭債権を個別評価金銭債権と一括評価金銭債権に区分して，詳細な規定が設けられている。

　イ　貸倒引当金の繰入限度額（損金算入限度額）計算の概要

法人が，その有する金銭債権の貸倒れその他これらに類する事由による損失の見込額として損金経理により貸倒引当金勘定に繰り入れた金額のうち，個別評価金銭債権に係る繰入限度額及び一括評価金銭債権に係る繰入限度額に掲げる金額の合計額に達するまでの金額は，その事業年度の損金の額に算入される（法法52①，中小指針18項(3)）。

金銭債権の区分	定　　義	繰入限度額（損金算入限度額）
個別評価金銭債権	更生計画の認可決定により5年を超えて賦払いにより弁済される等の法律による長期棚上げ債権	債権金額のうち5年を超えて弁済される部分の金額（担保の実行その他により取立て等の見込みがあると認められる部分の金額を除く。）
	債務超過が1年以上継続し事業好転の見通しがない場合等の回収不能債権	債権金額（担保権の実行その他により取立て等の見込みがあると認められる部分の金額を除く。）
	破産申立て，更生手続等の開始申立てや手形取引停止処分があった場合等における金銭債権	債権金額（実質的に債権と見られない部分の金額及び担保権の実行，金融機関等による保証債務の履行その他により取立て等の見込みがあると認められる部分の金額を除く。）の50％相当額
一括評価金銭債権	個別評価金銭債権以外の金銭債権	債権金額に過去3年間の貸倒実績率又は法人税法に規定する法定繰入率を乗じた金額

ロ　個別評価金銭債権に係る繰入限度額

個別評価金銭債権については，上記の区分に応じて計算される金額が繰入限度額になる（法令96①・法規25の2・25の3）。

ハ　一括評価金銭債権に係る繰入限度額

a　一括評価金銭債権の範囲

貸倒引当金の設定の対象となる一括評価金銭債権とは，売掛金，貸付金その他これらに準ずる金銭債権で，個別評価の対象となった金銭債権を除いたものをいう（法法52②）。

$$一括評価金銭債権 = \genfrac{}{}{0pt}{}{売掛金，貸付金その他}{これらに準ずる金銭債権} - 個別評価金銭債権$$

b　繰入限度額

一括評価金銭債権については，次の算式により計算した金額が繰入限度額になる（法令96②）。

$$繰入限度額 = 期末一括評価金銭債権の帳簿価額の合計額 \times 貸倒実績率$$

c　貸倒実績率

貸倒実績率とは，次の算式により計算した率をいう。

$$\frac{\left(\begin{array}{l}その事業年度開始の日前3年以内に開始し\\た各事業年度の売掛債権等の貸倒損失の額\\+個別評価金銭債権に係る引当金繰入額\\-個別評価金銭債権に係る引当金戻入額\end{array}\right) \times \dfrac{12}{左の各事業年度の月数の合計}}{\left(\begin{array}{l}その事業年度開始の日前3年以内に開\\始した各事業年度終了の時における一\\括評価金銭債権の帳簿価額の合計額\end{array}\right) \div 左の各事業年度の数}$$

d　中小法人の特例

中小法人（資本金1億円以下の法人等）の一括評価金銭債権に係る貸倒引当金の繰入限度額は，貸倒実績率と法定繰入率との選択適用が認められる（措法57の10①）。

$$繰入限度額 = \left(\genfrac{}{}{0pt}{}{期末一括評価金銭}{債権の帳簿価額} - \genfrac{}{}{0pt}{}{実質的に債権と認め}{られないものの額}\right) \times 法定繰入率$$

第3部 要領の総論及び各論

法定繰入率				
卸売及び小売業 (飲食店業及び 料理店業を含む)	製 造 業	金融及び保険業	割賦販売 小売業等	そ の 他
$\dfrac{10}{1,000}$	$\dfrac{8}{1,000}$	$\dfrac{3}{1,000}$	$\dfrac{13}{1,000}$	$\dfrac{6}{1,000}$

なお，平成10年4月1日に存在していた法人は金銭債権のうち実質的に債権と認められないものの金額の計算を，次の簡便計算によることも認められる（措令33の9③）。

$$\text{期末一括評価金銭債権の額} \times \frac{\text{分母と同一の各事業年度における実質的債権とみられないものの合計額}}{\text{平成10年4月1日から平成12年3月31日までの間に開始した各事業年度における一括評価金銭債権の額の合計額}} = \text{実質的に債権と認められないものの金額}$$

④ 会計処理

要領では会計処理について，「消滅した債権又は回収不能と見積られる債権は，その金額を債権の計上額から直接減額するとともに，貸倒損失として費用に計上する必要がある」旨の記述がある。

法人税法では貸倒引当金の繰入額と取崩額の会計処理について，その事業年度の所得金額の計算上，損金経理により損金に算入された貸倒引当金繰入額は，翌事業年度の所得金額の計算上，取り崩して益金の額に算入することになっているが（以下「洗替方式」という。）（法法52⑩），その事業年度の繰入額と取崩額との差額を繰入又は取崩する方式も認められている（以下「差額繰入方式」という。）（法基通11－1－1）。

洗替方式と差額繰入方式の具体的な会計処理は，次のとおりである。

【前提条件】
イ　前期末貸倒引当金設定額
　　・　一括評価金銭債権　………　400
　　・　個別評価金銭債権　………　300　　　　合　計　700
ロ　当期末貸倒引当金設定額
　　・　一括評価金銭債権　………　450の場合（繰入）
　　　　　　　　　　　　　　　　　又は900の場合（繰入）
　　・　個別評価金銭債権　………　0

上記の前提条件により，当期末貸倒引当金設定額が450（繰入）又は900（繰入）の場合の会計処理は次のようになる。

a　洗替方式による場合の会計処理

当期末貸倒引当金450繰入の場合	当期末貸倒引当金900繰入の場合
［当期末貸倒引当金の設定］	［当期末貸倒引当金の設定］
（販売費）	（販売費）
貸倒引当金繰入　450／貸倒引当金　450	貸倒引当金繰入　900／貸倒引当金　900
貸倒引当金　700／貸倒引当金戻入　700 　　　　　　　　　（特別利益）	貸倒引当金　700／貸倒引当金戻入　700 　　　　　　　　　（特別利益）
貸倒引当金勘定	貸倒引当金勘定
戻　入　　700　｜　前期末　　700 当期末　　450　｜　繰　入　　450 　計　　1,150　｜　　計　　1,150	戻　入　　700　｜　前期末　　700 当期末　　900　｜　繰　入　　900 　計　　1,600　｜　　計　　1,600

b 差額繰入方式による場合の会計処理

当期末貸倒引当金450の場合（戻入）	当期末貸倒引当金900の場合（繰入）
［当期末貸倒引当金の設定（差額戻入）］ （特別利益） 貸倒引当金 250／貸倒引当金戻入 250	［当期末貸倒引当金の設定（差額繰入）］ （販売費） 貸倒引当金繰入 200／貸倒引当金 200

貸倒引当金勘定

戻 入	250	前期末	700
当期末	450		
計	700	計	700

貸倒引当金勘定

		前期末	700
当期末	900	繰 入	200
計	900	計	900

＜要領の留意点及び課題＞

貸倒損失

① 債権の範囲

債権の範囲について，要領・中小指針及び法人税法における基本的な相違はないことから，中小企業は要領等に基づき範囲の判定を行うことになる。

② 貸倒損失の計上要件

貸倒損失の計上要件について，要領及び中小指針では具体的な記述がないため，法人税法の規定に従って判断することになる。

③ 貸倒損失の会計処理

貸倒損失の会計処理は，要領に従って費用処理すれば法人税法の損金経理要件を満たすことになり，貸倒損失額が損金算入される。

④ 損益計算上の表示

損益計算上の表示について，要領には記述がないため，中小指針により表示することになる。

貸倒引当金

① 貸倒引当金の計上要件

貸倒引当金の計上要件について，要領・中小指針・法人税法に基本的な相違

はないことから，中小企業は計上要件の判定が容易な法人税法の規定を採用することが一般的になろう。

② 回収不能見込額の区分

回収不能見込額の区分について，要領では具体的な記述がない。中小指針では会計基準に基づき3区分されているが，要領は法人税法上における貸倒引当金の計算方法の採用を制限なしで認めていることから，中小企業は法人税法の規定により個別評価金銭債権と一括評価金銭債権に区分することが一般的になろう。

③ 貸倒引当金の算定方法

貸倒引当金の算定方法について，要領では具体的な記述がない。中小指針及び法人税法では算定方法が示されているものの，その算定方法に相違があるため，税務調整を不要とするためには法人税法の規定による必要がある。

④ 貸倒引当金の会計処理

貸倒損失の会計処理は，要領に従って費用処理すれば法人税法の損金経理要件を満たすことになり，貸倒引当金繰入額が損金算入される。

貸倒引当金繰入額の翌期戻入処理について，要領では記述がない。中小指針では翌期戻入処理について，差額繰入方式に限り認め，洗替方式は採用できないことになっているが，法人税法では，洗替方式を原則としつつ差額繰入方式の採用を認めている。

したがって，中小企業は翌期戻入処理に選択肢のある法人税法の規定によることになろう。

⑤ 貸借対照表上の表示

貸借対照表上の表示について，要領と中小指針に相違がないことから，要領の「Ⅲ様式集（後述）」における【記載上の注意】に従い表示することになろう。

⑥ 損益計算書上の表示

損益計算書上の表示について，要領では記述がないため，中小指針に従い表示することになる。

5 有価証券

> **要　領**
>
> (1) 有価証券は，原則として，取得原価で計上する。
> (2) 売買目的の有価証券を保有する場合は，時価で計上する。
> (3) 有価証券の評価方法は，総平均法，移動平均法等による。
> (4) 時価が取得原価よりも著しく下落したときは，回復の見込みがあると判断した場合を除き，評価損を計上する。

<要領の解説>

① 有価証券の取得原価・取得価額

　有価証券は，(1)にあるように，原則として取得原価で計上する。有価証券の取得原価は，取得価額（購入金額に付随費用を加えた金額）を基礎として適切に費用配分した後の金額をいう。

② 有価証券の評価方法

　有価証券の評価方法は，(3)にあるように，総平均法，移動平均法等により期末の金額（取得原価）を計算する。

③ 有価証券の期末評価

　(1)にあるように，期末の有価証券は，原則として，取得原価で計上する。ただし，(2)にあるとおり，短期間の価格変動により利益を得る目的で相当程度の反復的な購入と売却が行われる，法人税法の規定にある売買目的の有価証券は，時価で計上する（上場株式であることが想定される。）。

④ 有価証券の減損

　取得原価で評価した有価証券については，時価が取得原価よりも著しく下落したときは，回復の見込みがあるかないかを判断する。ここで，(4)にあるよう

に，回復の見込みがあると判断した場合を除き，評価損を計上することが必要となる。

著しく下落したときとは，個々の銘柄の有価証券の時価が取得原価に比べて50％程度以上下落した場合には，該当するものと考えられる。有価証券の時価は，上場株式のように市場価格があるものについては容易に把握できるが，非上場株式については，一般的には把握することが難しいものと考えられる。時価の把握が難しい場合には，時価が取得原価よりも著しく下落しているかどうかの判断が困難になると考えられるが，例えば，大幅な債務超過等でほとんど価値がないと判断できるものについては，評価損の計上が必要と考えられる。

<パブコメ及び対応>

要領は，平成23年11月8日に要領（案）を公表し広くコメント募集を行ったが，提出されたコメントとそれに対する回答概要のうち，「各論5 有価証券」に係る主なコメント及び「中小企業の会計に関する検討会」の対応は以下のとおりである。

コメント	対応
中小企業（もっと，対象を絞り込めるのであれば，小・零細企業）においては短期・長期の保有に拘わらず，有証券は時価評価すべき。金融機関では，時価評価がなされた上で実態B/Sが作成されるので，そういった意識を経営者に持ってもらうことが必要なのではないか。	本要領は，本要領の利用を想定する中小企業の実務において一般的に必要と考えられる会計処理について取りまとめたものである。本要領に記載のない会計処理については，総論5によって対応できる。
後段下から2行目以降を，「例えば，大幅な債務超過等でほとんど価値がないもののほか，純資産価額が取得時の純資産価額に比し，おおむね50％以上下回ることとなったものについては，評価損の計上が必要と考えられます。」と，より具体的にしてはどうか。	本要領は，中小企業の経営者に理解しやすく，本要領の利用を想定する中小企業に必要な事項を簡潔に記載したものである。

(5)「関係会社，グループ法人に係る有価証券は区別して表示します」という規定を設けるべきである。	関係会社株式の表示の取扱いについては，様式集の【記載上の注意】に記載している。
有価証券の減損について，適正な判断を行うためにも考え方を統一（法人税法を準用）すべきではないか。	本要領は，税制との調和を図った上で，会社法上の計算書類等を作成する際に参照するための会計処理等を示すものであり，税務における取扱い方法について記載するものではない。

＜要領と中小指針との比較＞

要領と中小指針を比較すると，以下のように有価証券の分類と評価で相違が見られるが，その他の部分は要領及び中小指針はほぼ同様である。

会計処理項目	要領及び解説	中小指針
有価証券の取得価額	購入金額に付随費用を加算	同左
有価証券の期末評価	原則は取得原価，法人税法上の売買目的有価証券は時価	保有目的等の観点から4区分し，それぞれの会計処理（貸借対照表価額，評価差額）を記載
有価証券の評価方法	総平均法，移動平均法	同左
有価証券の減損	時価が取得価額よりも著しく下落したときは評価損を計上（回復の見込みがあると判断した場合を除く）	同左
貸借対照表上の表示及び注記	表示及び注記あり	同左
損益計算書上の表示及び注記	表示なし	表示及び注記あり

① 有価証券の取得価額

　有価証券の取得価額は，要領及び中小指針とも同様に，購入金額に付随費用を加えた金額をいう。

　ただし，その記述箇所は，要領では，各論「**2**資産，負債の基本的な会計処理」で，金銭債権，棚卸資産及び固定資産と一括し資産としての記述となっているのに対し，中小指針では有価証券（中小指針20項）での記述となっている。

② 有価証券の期末評価

　有価証券の期末評価について，要領では，原則として取得原価とし，法人税法上の売買目的有価証券は時価としているのに対し，中小指針では金融商品に関する会計基準（企業会計基準第10号：改正平成20年3月10日，以下「**5**有価証券」において「会計基準」という）の分類を基礎として保有目的等の観点から有価証券を4つに分類し，それぞれの会計処理（貸借対照表価額，評価差額）を規定している。

　つまり，中小指針では株式か社債か，時価が存在するか否かといった形態による区分ではなく，各企業がどのような目的によって取得・保有しているのかという観点から以下のように区分している（中小指針19項）。

区　　　分		貸借対照表価額	評価差額
売買目的有価証券		時　　価	損　益（営業外損益）
満期保有目的の債券		償却原価(取得原価)	償却原価法による差額： 　　　　　営業外損益
子会社株式及び 関連会社株式		取得原価	該当なし
その他有価証券	市場価格あり	時　　価	純資産の部(税効果考慮後の額) （全部純資産直入法の場合）
	市場価格なし	取得原価 （債券：償却原価）	該当なし (償却原価法による差額： 　　　　　営業外損益)

③ 有価証券の評価方法

　有価証券の評価方法は，要領及び中小指針（中小指針21項）とも同様に，総平均法又は移動平均法としている。

④ 有価証券の減損

　イ　時価のある（市場性のある）有価証券

　時価のある（市場性のある）有価証券に対する減損について，要領及び中小指針とも同様に，時価が取得原価よりも著しく下落したときは，回復の見込みがあると判断した場合を除き，評価損を計上するとしている。

　つまり，両者とも「回復する見込みがある」場合以外は減損処理の対象となる。「回復する見込みがない場合」や，「回復するかどうか不明の場合」には，回復する見込みが「ある」ことが確認できないため，評価損の計上がされることになる。

　ロ　時価のない（市場性のない）有価証券

　時価のない有価証券の場合についても両者はともに，発行会社の財政状態の悪化により実質価額が著しく低下したとき，すなわち，少なくとも株式の実質価額が取得原価に比べて50％程度以上低下した場合に，評価損の計上がされるとしている。

　なお，中小指針では有価証券の減損処理について，「法人税法に定める処理に拠った場合と比べて重要な差異がないと見込まれるとき」を前提に，「法人税法の取扱いに従うことが認められる」としてる（中小指針22項後段）が，要領にはそのような記述はない。

⑤ 貸借対照表上の表示及び注記

　要領では，有価証券に係る貸借対照表上の表示について以下のように【記載上の注意】に表示例が記述されている。また，有価証券の評価基準及び評価方法は，重要な会計方針に係る事項であることから，個別注記表に注記することになっている（要領14項）。

＜表示及び注記の例示＞

[貸借対照表]
5．有価証券について
　① 以下の2つは「有価証券」として流動資産の部に計上する。
　　・売買目的有価証券
　　・事業年度の末日後1年以内に満期の到来する社債等
　② 子会社及び関連会社の株式は「関係会社株式」として固定資産の投資その他の資産の部に表示する。
　③ それ以外の有価証券については「投資有価証券」として固定資産の投資その他の資産の部に表示する。

[個別注記表]
2．重要な会計方針に係る事項に関する注記
(1) 資産の評価基準及び評価方法
　① 有価証券の評価基準及び評価方法
　　総平均法による原価法を採用しています。

一方，中小指針では貸借対照表上の表示に関し，以下のように記述している（中小指針23項）。

　売買目的有価証券及び事業年度の末日後1年以内に満期の到来する社債その他の債券は流動資産に属するものとし，それ以外の有価証券は，投資その他の資産に属するものとする。
　例えば，売買目的有価証券以外に流動資産の有価証券に含めるものの例としては次のものがある。
　(1) 1年以内に満期が到来するＣＤ（国内ＣＤは預金表示も可能）及びコマーシャル・ペーパー
　(2) 契約型投信及び貸付信託のうち以下のもの

> ① 1年以内に償還されるもの
> ② 預金と同様の性格を有するもの（ＭＭＦ，ＭＲＦ，中期国債ファンド，信託銀行が一般顧客一律の条件で発行する貸付信託の受益証券等）
>
> したがって，保有する株式がその他有価証券に該当する場合には，投資床証券（固定資産）として記載する。

⑥ **損益計算書上の表示及び注記**

　要領では，有価証券に係る損益計算書上の表示及び注記について記述はない。一方，中小指針では損益計算書上の表示に関し，以下のように記述している（中小指針24項）。

> 　有価証券の売却損益の損益計算書上の表示区分は，次のようになる。
>
> | 有価証券の分類 | 売却損益の表示区分等 |
> |---|---|
> | 売買目的有価証券 | 営業外損益（売却益と売却損は相殺する。） |
> | 子会社株式及び関連会社株式 | 特別損益（売却益と売却損は相殺しない。） |
> | その他有価証券 | 臨時的なもの・・・特別損益
（業務上の関係を有する株式の売却等）
それ以外・・・営業外損益
（市場動向の推移をみながら売却することを目的として取得したもの（純投資目的）等） |

＜要領と法人税法との比較＞

　要領と法人税法を比較すると，各々について以下のような相違がある。

会計処理項目	要領及び解説	法人税法
有価証券の取得価額	購入金額に付随費用を加算	左記をより詳細に規定
有価証券の期末評価	原則は取得原価,法人税法上の売買目的有価証券は時価	保有目的により区分され,それぞれの区分ごとに評価
有価証券の評価方法	総平均法,移動平均法	原則は移動平均法,届出を行うことにより総平均法も認められる
有価証券の減損	時価が取得価額よりも著しく下落したときは評価損を計上(回復の見込みがあると判断した場合を除く)	近い将来その価額の回復が見込まれないときは評価損を計上

① 有価証券の取得価額

有価証券の取得価額は,要領及び法人税法とも同様に,購入金額に付随費用を加えた金額をいう。また,期末に保有している有価証券を時価評価する場合,その時価には,取得又は売却に要する付随費用を含めない(法令119の13)。

なお,法人税法では,通信費,名義書換料,外国の有価証券取得税等は,付随費用に含めないことができる(法基通2-3-5)。

② 有価証券の期末評価

有価証券の期末評価について,要領では原則として取得原価,法人税法上の売買目的有価証券は時価としているのに対し,法人税法では会計基準と同様に,各企業がどのような保有目的により取得し保有しているのかによって以下のように区分される。

保有目的による区分		内　　容	期末評価基準と処理
売買目的有価証券		短期的な価格の変動を利用して利益を得る目的で取得した有価証券（法令119の12）	時価評価，評価差額は当期損益計上　洗替法のみ
満期保有目的等有価証券	満期保有目的有価証券	償還期限の定めのある有価証券のうち，その償還期限まで保有する目的で取得し，その取得日にその旨を帳簿書類に記載したもの（法令119の2②一）	償却原価法
	企業支配株式等	法人の特殊関係株主等が，その法人の発行済株式又は出資の総数又は総額の20％以上に相当する数又は金額の株式又は出資を有する場合における，その特殊関係株主等の有する株式又は出資（法令119の2②二）	原　価　法
その他有価証券		上記以外の有価証券（法令119の2）	原　価　法

③　有価証券の評価方法

　有価証券の評価方法は，要領及び法人税法とも同様に，移動平均法又は総平均法としている。ただし，法人税法では，評価方法の「選定」をする場合には，有価証券の取得をした日の属する事業年度の確定申告書の提出期限までに，納税地の所轄税務署長に所定の手続きをしなければならないとしている。

　選定の届出を行わなかった場合には，移動平均法が法定評価方法となる。また，選定した方法を変更しようとする場合には，新たな評価方法を採用しようとする事業年度開始の日の前日までに届出なければならない（法令119の2，119の5～119の7）。

④　有価証券の減損

　有価証券の評価損（減損）の計上について，要領は，時価が取得原価よりも著しく下落し回復の見込みがないと判断した場合に評価損を計上することとしている。

一方，法人税法では有価証券の評価損の計上について，近い将来その価額の回復が見込まれない場合が要件となる（法基通9－1－7）。

つまり，法人税法では回復する見込みが「ない」ことが立証できれば評価損計上の対象となり，回復するかどうか不明の場合は評価損計上の対象とはならない。

なお，要領では確認事項が法人税法とは逆となるが，これらはあくまで「見込み」であるため，実際上は要領や法人税法で判断にそれほどの差異はないと思われる。

＜要領の留意点及び課題＞
① 有価証券の取得価額

有価証券の取得価額について，購入価額に付随費用を加算した取得価額を基に計算するという点で，要領・中小指針及び法人税法に基本的な相違はない。

なお，購入以外の取得形態の場合について，要領及び中小指針ではその記述がないことから，その際には法人税法上の規定に基づき処理を行うことになる。

② 有価証券の期末評価

有価証券の期末評価について，要領・中小指針及び法人税法で表現に多少の相違はあるが，記載内容には基本的な相違はない。

この場合の区分は，企業がどのような保有目的により取得し保有しているかで区分されることから，企業の資産運用目的等の違いにより，同一銘柄の有価証券を異なる保有目的で保有することも認められる。

③ 有価証券の評価方法

価証券の評価方法について，要領・中小指針及び法人税法における基本的な相違はないことから，中小企業は要領及び法人税法の規定に基づき会計処理等を行うことになる。

ただし，法人税法の場合，総平均法を選定するためには手続き（届出）が必要になる。

④ 有価証券の減損

有価証券の減損について，要領及び中小指針では，「回復見込みがある」場合以外は減損処理の対象となる。つまり，減損処理が強制される。

一方，法人税法では，回復する見込みが「ない」ことが確認できれば評価損計上の対象となるが，それ以外は対象とならない。すなわち，減損処理が任意であるといえる。

つまり，減損処理をしなくとも影響が少ないと判断される場合は，減損処理をしなくともよいというのが，中小指針の「法人税法の取扱いに従うことが認められる」の意味であり，それらを踏まえた中小企業の判断が重要となる。

⑤ 貸借対照表上の表示及び注記

有価証券に係る貸借対照表上の表示について，要領では表示例が記述されており，また，注記についてもⅢ様式集に基づき行うことになる。

⑥ 損益計算書上の表示及び注記

有価証券に係る損益計算書上の表示について，要領ではその記述がないため，中小指針に基づき表示することになろう。また，損益計算書への注記は，要領のⅢ様式集に基づき行うことになる。

6 棚卸資産

> **要　領**
> (1) 棚卸資産は，原則として，取得原価で計上する。
> (2) 棚卸資産の評価基準は，原価法又は低価法による。
> (3) 棚卸資産の評価方法は，個別法，先入先出法，総平均法，移動平均法，最終仕入原価法，売価還元法等による。
> (4) 時価が取得原価よりも著しく下落したときは，回復の見込みがあると判断した場合を除き，評価損を計上する。

＜要領の解説＞

① 棚卸資産の範囲

　棚卸資産とは，商品，製品，半製品，仕掛品，原材料等をいう。

② 棚卸資産の取得原価

　(1)にあるように，棚卸資産は，原則として取得原価で計算する。棚卸資産の取得原価は，購入金額に付随費用を加えた購入時の金額（取得価額）に基づき，また，製造業の場合は製品製造のために使用した材料費・労務費及び製造経費を積算し取得原価を計算する。

③ 棚卸資産の評価基準

　(2)にあるように，棚卸資産の評価基準は，原価法又は低価法によるとされている。原価法とは，取得原価により期末棚卸資産を評価する方法をいい，低価法とは，期末における時価が取得原価よりも下落した場合に時価によって評価する方法をいう。

④ 棚卸資産の評価方法

　(3)にあるように，棚卸資産の評価方法は，個別法，先入先出法，総平均法，

移動平均法，最終仕入原価法，売価還元法等により期末の金額（取得原価）を計算する。

⑤　棚卸資産の評価損の計上

原価法によって評価した場合であっても，時価が取得原価よりも著しく下落したときは，回復の見込みがあるかないかを判断し，(4)にあるように，回復の見込みがあると判断した場合を除き，評価損を計上することが必要となる。

棚卸資産の時価は，商品・製品等については，個々の商品等ごとに売価か最近の仕入金額により把握することが考えられる。

時価を把握することが難しい場合には，時価が取得原価よりも著しく下落しているかどうかの判断が困難になると考えられるが，例えば，棚卸資産が著しく陳腐化したときや，災害により著しく損傷したとき，あるいは，賞味期限切れや雨ざらし等でほとんど価値がないと判断できるものについては，評価損の計上が必要と考えられる。

＜パブコメ及び対応＞

要領は，平成23年11月8日に要領（案）を公表し広くコメント募集を行ったが，提出されたコメントとそれに対する回答概要のうち，「各論❻棚卸資産」に係る主なコメント及び「中小企業の会計に関する検討会」の対応は以下のとおりである。

コ　メ　ン　ト	対　　応
［解説］「期末の納品先への送付中積送品がある場合の処理方法とその売上計上時期に関する区分方法等」を解説する必要がある。	本要領は，本要領の利用を想定する中小企業の実務において一般的に必要と考えられる会計処理について取りまとめたものである。本要領に記載のない会計処理については，総論❺によって対応できる。
低価法における時価の考え方を具体的に示すべきではないか。	本要領は，中小企業の経営者に理解しやすく，本要領の利用を想定する中小企業に必要な事項を簡潔に記載した

2 各 論

	ものである。
回復可能性に係る判定を求める規定は除外すべきではないか。もし回復可能性に係る判定を求めるのであれば，その基準を示すべきではないか。	回復可能性に係る判定を求める記載は会社計算規則を踏まえたものである。 本要領は，中小企業の経営者に理解しやすく，本要領の利用を想定する中小企業に必要な事項を簡潔に記載したものである。
「最終仕入原価法」が他の評価方法と同列で記載されているが，取得原価主義の枠外の処理であり，少なくとも個別には例示しないことが適当ではないか。	最終仕入原価法は，中小企業の実務において，一般的に利用されている評価方法であるため，例示している。

＜要領と中小指針との比較＞

要領と中小指針を比較すると，以下のように棚卸資産の範囲及び取得原価の記述はほぼ同様であるが，評価基準及び評価方法等において相違がある。

会計処理項目	要領及び解説	中 小 指 針
棚卸資産の範囲	商品，製品，半仕掛品，原材料等	左記をより詳細に記述
棚卸資産の取得原価	購入金額に付随費用を加算	左記をより詳細に記述
棚卸資産の評価基準	原価法と低価法との選択適用ができる	時価が帳簿価額より下落等した場合には時価による（以下「強制低価法」という）
棚卸資産の評価方法	最終仕入原価法も採用できる	例外的に最終仕入原価法を認めている
損益計算書上の表示及び注記	表示なし	表示及び注記あり

① 棚卸資産の範囲及び取得原価

棚卸資産の範囲及び取得原価は，要領と中小指針の対象法人の相違から，要領は中小指針と比較して簡潔に記述したものと考えられる。

② 棚卸資産の評価基準

棚卸資産の評価基準について，要領では法人税法と同様に原価法と低価法との選択適用を認めているが，棚卸資産の評価に関する会計基準（企業会計基準第9号：改正平成20年9月26日，以下「6棚卸資産」において「会計基準」という。）の影響を受ける中小指針では，会計基準と同様に強制低価法のみによる。

強制低価法については，中小指針と会計基準では以下のように金額的重要性（下線部分）を判断要素に含めるか否かの相違がある。

中 小 指 針	会 計 基 準
棚卸資産の期末における時価が帳簿価額より下落し，かつ，金額的重要性がある場合には，時価をもって貸借対照表価額とする（中小指針27項）。	期末における正味売却価額が取得原価より下落している場合には，当該正味売却価額をもって貸借対照表価額とする（会計基準7項）。

③ 棚卸資産の評価方法

棚卸資産の評価方法について，要領では法人税法と同様に最終仕入原価法を原則的な評価方法に含めているが，中小指針では最終仕入原価法は原則的な評価方法ではなく，期間損益の計算上著しい弊害がない場合に限り採用できる例外的な評価方法とされている（中小指針28項）。

中小指針が最終仕入原価法を例外的な評価方法とする背景は，会計基準において以下のように記述されていることによる（会計基準34項-4）。

> ……最終仕入原価法によれば，期末棚卸資産の一部だけが実際取得原価で評価されるものの，その他の部分は時価に近い価額で評価されることとなる場合が多いと考えられ，無条件に取得原価基準に属する方法として適用を認めることは適当でない。このため，期末棚

卸資産の大部分が最終の仕入価格で取得されているときのように期間損益の計算上弊害がないと考えられる場合や，期末棚卸資産に重要性が乏しい場合においてのみ容認される方法と考えられる。

④ 損益計算書上の表示及び注記

　要領では，棚卸資産に係る損益計算書上の表示について記述がないが，棚卸資産の評価基準及び評価方法は重要な会計方針に係る事項であることから，個別注記表（後述）に注記することになっている（要領14項）。

　一方，中小指針では損益計算書の表示及び注記に関し，以下のように記述している（中小指針29項(1)(2)）。

(1) 棚卸資産に係る簿価切下額は，次のとおり表示する。
　① ②，③以外のもの……………………………………売上原価
　② 棚卸資産の製造に関連して発生するもの……………製造原価
　③ 臨時の事象に基因し，かつ，多額であるもの………特別損失
(2) 棚卸資産に係る簿価切下額のうち，重要性のあるものについては，注記による方法又は売上原価等の内訳項目として表示することが望ましい。

＜要領と法人税法との比較＞

　要領と法人税法を比較すると，以下のように基本的な部分での相違はない。

会計処理項目	要領及び解説	法人税法
棚卸資産の範囲	商品，製品，仕掛品，原材料等	左記をより詳細に規定
棚卸資産の取得原価	購入金額に付随費用を加算	左記をより詳細に規定し，通達で緩和した取扱いがある
棚卸資産の評価基準	原価法と低価法との選択適用ができる	同左
棚卸資産の評価方法	最終仕入原価法も採用できる	最終仕入原価法を法定評価方法としている
棚卸資産の評価損の計上	評価損計上の判断基準を簡潔に記述	評価損計上の判断基準は通達で整理されている

① 棚卸資産の範囲及び取得原価

　棚卸資産の範囲について，要領と法人税法（法法２二十）に相違はない（平成19年度改正により法人税法の棚卸資産の範囲から短期売買商品が除外された）。また，棚卸資産の取得原価も，要領と法人税法（法令32①）に基本的な相違はない。

　ただし，法人税法では，以下のように購入した棚卸資産に係る少額な付随費用等は取得原価に算入しないことができる（製造等に係る棚卸資産についても同旨の取扱いがある）。

[購入した棚卸資産の取得価額（法基通５－１－１）]

　次に掲げる費用は，これらの費用の額の合計額が少額（棚卸資産の購入代価のおおむね３％以内の金額）である場合には，購入した棚卸資産の取得価額に算入しないことができる。
　(1) 買入事務・検収・整理・選別・手入れ等に要した費用の額
　(2) 販売所等から販売所等へ移管するために要した運賃・荷造費等の費用の額

(3) 特別の時期に販売するなどのために，長期にわたって保管するために要した費用の額

なお，購入した棚卸資産の取得価額に算入しなかった少額の付随費用は，単純な期間費用（一般管理販売費）として損金の額に算入できる。

[棚卸資産の取得価額に算入しないことができる費用（法基通5－1－1の2)]

次に掲げるような費用の額は，たとえ棚卸資産の取得又は保有に関連して支出するものであっても，その取得価額に算入しないことができる。

(1) 不動産取得税の額
(2) 固定資産税及び都市計画税
(3) 登録免許税その他登記のために要する費用の額
(4) 借入金の利子の額

なお，取得価額に算入しなかった費用の額は，単純な期間費用として損金の額に算入できる。

② 棚卸資産の評価基準

棚卸資産の評価基準は，要領と同様に法人税法（法令28①一・二）においても原価法と低価法との選択適用が認められている。

要領では，低価法を適用した場合における時価の考え方について言及していないが，法人税法における低価法を適用した場合における時価は，平成19年度改正により再調達原価から正味売却価額になった（法令28①二，法基通5－2－11）。再調達原価と正味売却価額を図示すると，以下のようになる。

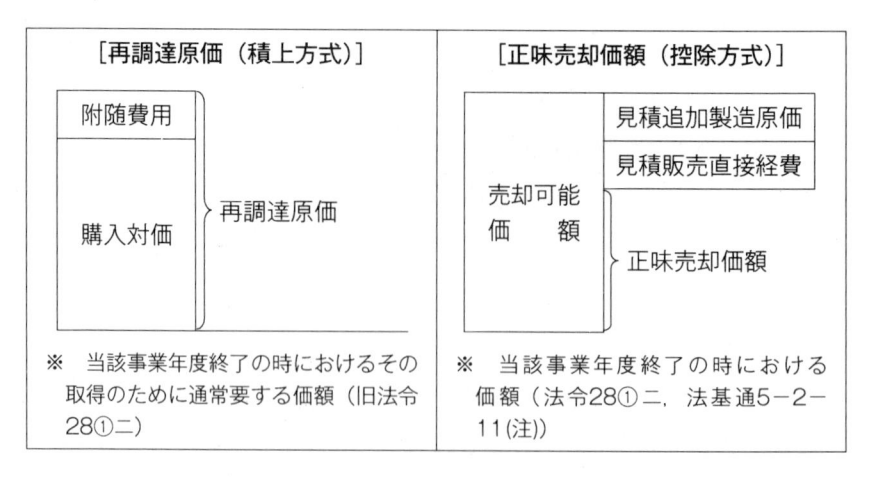

[再調達原価(積上方式)]	[正味売却価額(控除方式)]
附随費用 ┐ 　　　　├ 再調達原価 購入対価 ┘	見積追加製造原価 　　　　　　　見積販売直接経費 売却可能 価　　額 　　　　├ 正味売却価額
※ 当該事業年度終了の時におけるその取得のために通常要する価額(旧法令28①ニ)	※ 当該事業年度終了の時における価額(法令28①ニ,法基通5-2-11(注))

　また，法人税法では，低価法を適用した場合において翌期首に評価損に相当する金額の戻入れ益を計上する「洗替低価法」と戻入れ益を計上しない「切放し低価法」のいずれかを選択できたが，平成23年度改正により「切放し低価法」が廃止され(旧法令28②)，「洗替低価法」のみになった。

③　棚卸資産の評価方法

　棚卸資産の評価方法については，要領と法人税法(法令28①一・ニ)に相違はなく，法人税法では原価法のうち最終仕入原価法を法定評価方法としている(法令31)。

　法人税法において最終仕入原価法を法定評価方法とする背景は，上述のように期間損益の計算上著しい弊害がある事態も想定されるが，棚卸資産の評価が便宜的かつ簡便であることを優先したものと考えられる。

④　棚卸資産の評価損の計上

　棚卸資産の評価損の計上について，前述のように要領は，時価が取得原価よりも著しく下落し回復の見込みがないと判断した場合に評価損を計上することとしている。

　法人税法では棚卸資産の評価損の計上について，要領と同様に「時価の考え方」は記述されているが，「回復可能性」について規定していないことが要領と相違する。

なお、要領と法人税法における棚卸資産の評価損の計上について比較すると、以下のようになる。

項　　目	要領及び解説	法人税法（法法33②他）
時価下落の事実	必要	必要
回復可能性の判断	回復可能性がない場合	規定なし
時価の考え方	個々の商品等ごとの売価か最近の仕入金額	その資産が使用収益されるものとしてその時において譲渡される場合に通常付される価額（処分価額・正味実現可能価額・再調達原価ではない）（法基通9－1－3）
時価下落の具体例	・棚卸資産の著しい陳腐化 ・棚卸資産の災害による著しい損傷 ・棚卸資産の賞味期限切れや雨ざらし等による無価値化	・棚卸資産の災害による著しい損傷（法令68①一イ） ・棚卸資産の著しい陳腐化（法令68①一ロ） <例示（法基通9－1－4）> ・売れ残った季節商品で、今後通常の価額で販売困難なもの ・型式・性能・品質等が著しく異なる新製品が発売されたことにより、見切り販売するもの ・上記に準ずる特別の事実の発生（法令68①一ハ） <例示（法基通9－1－5）> 破損・型崩れ・棚ざらし・品質変化等により、通常の販売価額や販売方法で販売できないもの ・評価損の計上ができない場合（法基通9－1－6）） 棚卸資産の時価が単に物価変動・過剰生産・建値の変更等の事情によって低下した場合

第3部　要領の総論及び各論

＜要領の留意点及び課題＞
① 棚卸資産の範囲及び取得価額

　棚卸資産の範囲及び取得価額について，要領・中小指針及び法人税法における基本的な相違はないことから，中小企業は要領に基づき会計処理等を行うことになろう。

② 棚卸資産の評価基準

　棚卸資産の評価基準は，要領（原価法と低価法の選択適用）と中小指針（強制低価法）では考え方が異なるため，中小企業は法人税法の規定と同様である要領により原価法と低価法のいずれかを選択して棚卸資産を評価することになろう。

　中小企業が低価法を適用する場合には，要領に低価法における時価の考え方が示されていないため（＜パブコメ及び対応＞では，具体的な対応が示されていない。），法人税法の規定等（法令28①二，法基通5－2－11）により実務上の判断を行うことになろう。

　また，中小企業は低価法を適用する場合において，平成23年度改正により切放し低価法が廃止され洗替低価法のみであることに留意しなければならない。

③ 棚卸資産の評価方法

　棚卸資産の評価方法は，要領（最終仕入原価法の選択が可能）と中小指針（最終仕入原価法の採用は限定）では考え方が異なるため，中小企業は要領及び要領と同様の法人税法の規定により棚卸資産を評価することになろう。

　選択する評価方法は，便宜的かつ簡便である最終仕入原価法を採用する中小企業が多いものと推測される。

④ 棚卸資産の評価損の計上

　棚卸資産の評価損の計上について，要領では，法人税法で規定等がない，回復可能性がない場合を前提として，取得原価より著しく下落したときに評価損を計上することとしている。

　棚卸資産の評価損を計上する際の時価の把握については，平易な文言で分かりやすく記述しているが，その前提となる回復可能性に係る判定基準を示して

いないため，実務上の課題となろう（＜パブコメ及び対応＞では，具体的な対応が示されていない。）。

⑤ 損益計算書上の表示及び注記

　棚卸資産に係る損益計算書上の表示について，要領ではその記述がないため，中小指針に基づき表示することになろう。また，損益計算書への注記は，要領のⅢ様式集に基づき行うことになる。

7 経過勘定

> **要領**
>
> (1) 前払費用及び前受収益は，当期の損益計算に含めない。
> (2) 未払費用及び未収収益は，当期の損益計算に反映する。

＜要領の解説＞

① 経過勘定の意義

経過勘定とは，サービスの提供の期間とそれに対する代金の授受の時点が異なる場合に，その差異を処理する勘定科目をいう。損益計算書に計上される費用と収益は，現金の受払額ではなく，その発生した期間に正しく割当てられるように処理しなければならない。

② 経過勘定の種類

経過勘定には，「前払費用」，「前受収益」，「未払費用」及び「未収収益」がある。その内容は表1のとおりである。

＜表1＞

	内　　　容	具　体　例
前払費用	決算期末においていまだ提供を受けていないサービスに対して支払った対価	前払いの支払家賃や支払保険料，支払利息等
前受収益	決算期末においていまだ提供していないサービスに対して受け取った対価	前受けの家賃収入や受取利息等
未払費用	既に提供を受けたサービスに対して，決算期末においていまだその対価を支払っていないもの	後払いの支払家賃や支払利息，従業員給与等
未収収益	既に提供したサービスに対して，決算期末においていまだその対価を受け取っていないもの	後払いの家賃収入や受取利息等

③ 経過勘定の会計処理

「前払費用」と「前受収益」は，翌期以降においてサービスの提供を受けた，もしくは提供した時点で費用又は収益となるため，(1)にあるように，当期の損益計算には含めない。

「未払費用」と「未収収益」は，当期において既にサービスの提供を受けている，もしくは提供しているので，(2)にあるように，当期の損益計算に反映させることになる。

なお，金額的な重要性の乏しいものについては，受け取った又は支払った期の収益又は費用として処理することも認められる。

＜パブコメ及び対応＞

要領は，平成23年11月8日に要領（案）を公表し広くコメント募集を行ったが，提出されたコメントとそれに対する回答概要のうち，「各論7 経過勘定」に係る主なコメント及び「中小企業の会計に関する検討会」の対応は以下のとおりである。

コメント	対応
前払金，前受金，未払金及び未収金等他の勘定科目との違いを説明し，その取扱いに伴う会計処理を説明する必要がある。	本要領は，中小企業の経営者に理解しやすく，本要領の利用を想定する中小企業に必要な事項を簡潔に記載したものである。
本要領及び中小指針とも，会計処理での重要性の判断を強調している以上，本要領にも中小指針と同様，表示に関する記述があってもよいのではないでしょうか。	様式集で示されている。
解説の第1パラグラフの「現金の受払額ではなく」は「現金の受払額で計上するのではなく」とした方が自然ではないか。	原案の記載のままとする。
＜表1＞の具体例にある「支払家賃や支払保険料」「支払家賃や支払利息」は「支	

払家賃，支払保険料」「支払家賃，支払利息」とした方が自然ではないか。	
前払費用のうち当期末においてまだ提供を受けていない役務に対応する前払費用の額で，支出日から1年以内に提供を受ける役務に対応する金額については，継続適用を条件に費用処理することができる，と考えてよいか（「中小指針【各論】31　経過勘定等に係る会計処理」と同様の考え方。）。	総論9に記載する重要性の原則に基づき，個別に判断するものと考える。

＜要領と中小指針との比較＞

　要領と中小指針を比較すると，以下のように若干の相違はあるが，その記述はほぼ同様である。

会計処理項目	要領及び解説	中小指針
経過勘定の意義	すべての費用・収益は，発生の事実をもって，その発生した期間に割り当てる	同左
経過勘定の種類	前払費用，前受収益，未払費用，未収収益	同左
経過勘定の会計処理	・前払費用，前受収益は当期の損益計算から除外 ・未払費用，未収収益は当期の損益計算に反映 ・重要性の乏しいものは支払った・受取った期の費用・収益	左記より詳細に記述
経過勘定の表示及び注記	表示なし	貸借対照表に表示

① 経過勘定の定義

　経過勘定とは，サービスの提供の期間とそれに対する代金の授受の時点が異なる場合に，その差異を処理する勘定科目をいい，要領と中小指針に考え方の

相違はない。

② 経過勘定の種類

経過勘定の種類について，要領及び中小指針とも同様に，「前払費用」「前受収益」「未払費用」「未収収益」を挙げ，内容・具体例を示している。

③ 経過勘定の会計処理

前払費用及び前受収益は当期の損益計算から除外し，未払費用及び未収収益は当期の損益計算に反映するという会計処理は，要領及び中小指針とも同様だが，中小指針では，前払費用のうち支払日から1年以内に提供を受ける役務に対応するものについては，継続適用を条件に費用処理することができるとしているが，要領にはそのような記述がない。

なお，重要性の原則が考慮され，重要性の乏しいものについては，経過勘定項目として処理しないことができる点も要領及び中小指針ともに同様である（中小指針31項）。

＜前払費用＞

要領及び解説	中　小　指　針
原則：経過勘定処理 例外：重要性の乏しいものは支払時の費用	原則：経過勘定処理 例外：重要性の乏しいものは支払時の費用 短期前払費用は継続性を要件に支払時の費用

＜前受収益＞

要領及び解説	中　小　指　針
原則：経過勘定処理 例外：重要性の乏しいものは受取時の収益	原則：経過勘定処理 例外：重要性の乏しいものは受取時の収益

<未払費用>

要領及び解説	中小指針
原則：経過勘定処理 例外：重要性の乏しいものは支払時の費用	原則：経過勘定処理 例外：重要性の乏しいものは支払時の費用

<未収収益>

要領及び解説	中小指針
原則：経過勘定処理 例外：重要性の乏しいものは受取時の収益	原則：経過勘定処理 例外：重要性の乏しいものは受取時の収益

④ 経過勘定の表示及び注記

要領では、経過勘定の表示について記述はないが、中小指針では経過勘定の貸借対照表上の表示に関し、以下のように記述している（中小指針32項）。

経過勘定は、次のように貸借対照表に表示する。

	表示項目	表示箇所
前払費用	前払費用	流動資産
	長期前払費用 （事業年度の末日後1年を超えて費用となる部分）	投資その他の資産
前受収益	前受収益	流動負債
	長期前受収益 （事業年度の末日後1年を超えて収益となる部分）	固定負債
未払費用	未払費用	流動負債
未収収益	未収収益	流動資産

＜要領と法人税法との比較＞

要領と法人税法を比較すると，以下のようにその内容に相違はない。

会計処理項目	要領及び解説	法人税法
経過勘定の定義	すべての費用・収益は，発生の事実をもって，その発生した期間に割り当てる	同左
経過勘定の種類	前払費用，前受収益，未払費用，未収収益	同左
経過勘定の会計処理	・前払費用，前受収益は当期の損益計算から除外 ・未払費用，未収収益は当期の損益計算に反映 ・重要性の乏しいものは支払った・受取った期の費用・収益	左記より詳細に記述

① 経過勘定の定義

　経過勘定の定義について，要領と法人税法に考え方の相違はない。

② 経過勘定の種類

　経過勘定の種類は，要領及び法人税法とも同様に，「前払費用」「前受収益」「未払費用」「未収収益」となる。

③ 経過勘定の会計処理

　前払費用及び前受収益は当期の損益計算に含めない，未払費用及び未収収益は当期の損益計算に反映するという内容は，要領及び法人税法とも同様だが，前払費用について，法人税法では，経過勘定の特例として次のような規定がある。

[貸付金利子等の帰属の時期（法基通2-1-24）]

貸付金，預金，貯金又は有価証券（以下2-1-24において「貸付金等」という。）から生じる利子の額は，その利子の計算期間の経過に応じ当該事業年度に係る金額を当該事業年度の益金の額に算入する。ただし，主として金融及び保険業を営む法人以外の法人が，その有する貸付金等（当該法人が金融及び保険業を兼業する場合には，当該金融及び保険業に係るものを除く。）から生ずる利子でその支払期日が1年以内の一定の期間ごとに到来するものの額につき，継続してその支払期日の属する事業年度の益金の額に算入している場合には，これを認める。

[短期の前払費用（法基通2-2-14）]

前払費用（一定の契約に基づき継続的に役務の提供を受けるために支出した費用のうち当該事業年度終了の時においてまだ提供を受けていない役務に対応するものをいう。以下2-2-14において同じ。）の額は，当該事業年度の損金の額に算入されないのであるが，法人が，前払費用の額でその支払った日から1年以内に提供を受ける役務に係るものを支払った場合において，その支払った額に相当する金額を継続してその支払った日の属する事業年度の損金の額に算入しているときは，これを認める。

<要領の留意点及び課題>

① 経過勘定の定義

要領では，項目名を「経過勘定」としているのに対し，中小指針では「経過勘定等」としている。この違いは，中小指針では経過勘定以外にも，立替金，仮払金，仮受金等の項目を規定しているためである。

つまり，中小企業においては内部統制が不完全な場合が多く，会計管理上で

は，これらの科目は経理規定等の不備によって，科目区分が不明確になりがちになる。そこで，その点を喚起する意味も込めて，中小指針では本規定を設けたものと考えられる。

② 経過勘定の会計処理

経過勘定の会計処理について，要領や中小指針では重要性の判断が明記されているが，法人税法では重要性の判断が明記されていない。この明記されていないことを理由として，中小企業では，金額的には重要性が高いにもかかわらず，利益調整のために経過勘定処理を行わず，しかも継続性を要件としているのに，これを無視した処理も見受けられる。

③ 経過勘定の表示及び注記

経過勘定の表示について，中小指針では貸借対照表の表示に関する記述があるが，要領にはその記述がない。要領及び中小指針とも，会計処理での重要性の判断を強調している以上，要領にも表示に関する記述があってもよいのではないか。

8 固定資産

> **要領**
>
> (1) 固定資産は，有形固定資産（建物，機械装置，土地等），無形固定資産（ソフトウェア，借地権，特許権，のれん等）及び投資その他の資産に分類する。
> (2) 固定資産は，原則として，取得原価で計上する。
> (3) 有形固定資産は，定率法，定額法等の方法に従い，相当の減価償却を行う。
> (4) 無形固定資産は，原則として定額法により，相当の減価償却を行う。
> (5) 固定資産の耐用年数は，法人税法に定める期間等，適切な利用期間とする。
> (6) 固定資産について，災害により著しい資産価値の下落が判明したときは，評価損を計上する。

＜要領の解説＞

① 固定資産の分類

固定資産は，長期間にわたり企業の事業活動に使用するために所有する資産であり，(1)にあるように，有形固定資産，無形固定資産及び投資その他の資産に分類される。

② 固定資産の取得原価

(2)にあるように，固定資産は，原則として取得原価で計上する。固定資産の取得原価は，購入金額に引取費用等の付随費用を加えて計算する。

③ 固定資産の減価償却
　イ　有形固定資産の減価償却
　建物や機械装置等の有形固定資産は、通常、使用に応じてその価値が下落するため、一定の方法によりその使用可能期間（耐用年数）にわたって減価償却費を計上する必要がある。具体的には、(3)にあるように、定率法、定額法等の方法に従い、相当の減価償却を行うことになる。
　定額法とは、毎期一定の額で償却する方法であり、定率法とは、毎期一定の率で償却する方法をいい、法人税法に定められた計算方法によることができる。
　減価償却は、固定資産の耐用年数にわたって行われる。実務上は、(5)にあるように、法人税法に定める期間を使うことが一般的であるが、その資産の性質、用途、使用状況等を考慮して、適切な利用期間を耐用年数とすることも考えられる。
　ロ　無形固定資産の減価償却
　有形固定資産と同様の考え方により、無形固定資産は、(4)にあるように、原則として定額法により、相当の減価償却を行う。
　ハ　相当の減価償却
　「相当の減価償却」とは、一般的に、耐用年数にわたって、毎期、規則的に減価償却を行うことが考えられる。
④ 固定資産の減損
　減価償却により毎期、費用を計上していても、たとえば、災害にあったような場合等予測することができない著しい資産価値の下落が生じる場合があり、このような場合には、(6)にあるように、相当の金額を評価損として計上する必要がある。

＜パブコメ及び対応＞

　要領は、平成23年11月8日に要領（案）を公表し広くコメント募集を行ったが、提出されたコメントとそれに対する回答概要のうち、「各論8固定資産」に係る主なコメント及び「中小企業の会計に関する検討会」の対応は以下のと

おりである。

コメント	対応
無形固定資産の減価償却に関し，「相当の減価償却」として解説されていないが，対象となる資産項目，償却期間について，具体的に明示すべきと考える。また，税法との整合性を調整して頂きたい。借地権は減価償却の対象となりえるのか等々，それぞれの項目で疑問が残る。これらの公式見解が必要と考える。	本要領は，中小企業の経営者に理解しやすく，本要領の利用を想定する中小企業に必要な事項を簡潔に記載したものである。
「(7)法人税法等に規定する圧縮記帳の特例を適用して損金の額に算入した金額がある場合には，本来の取得価額からその金額を控除した金額を取得価額とみなします」を追加する。	本要領は，税制との調和を図った上で，会社法上の計算書類等を作成する際に参照するための会計処理等を示すものであり，税務における取扱い方法について記載するものではない。
解説に「取得価額に算入する又は算入しないことができる付随費用の例示を法人税法の規定・取扱い（法令54①，法基通7－3－3の2）に準じることを明記して申告調整等への対応できるルール」を入れる。	
解説に「棚卸資産，繰延資産は除かれる。事業の用に供していない，時の経過により価値が減少しないもの等は非減価償却資産となります」を追加する。	
有形固定資産，無形固定資産の過年度分の減価償却不足は当然に一時の費用として認識するべきではあるが，この件に関しての記載はない。過年度分の償却不足をどうするのか，具体的に明示してほしい。これからどうするのかに関しての方法も明示してほしい。	「相当の減価償却」とは，会社計算規則の「相当の償却」を踏まえたものであり，一般的に，耐用年数にわたって，毎期，規則的に減価償却を行うことが考えられるとしたものである。
固定資産の減価償却（任意償却）につい	

て，要領という立場から，法人税法の問題点を抑制する意味合いも込めて，さらに踏み込んだ内容とすべきではないか。	
枠内(1)の「機械装置」は様式集で使用しているように「機械及び装置」としなくてよいか。	本文は有形固定資産に含まれる内容を示すものであり，様式集は表示を例示しているものである。

<要領と中小指針との比較>

要領と中小指針を比較すると，以下のようにその記述内，容に相違はない。

会計処理項目	要領及び解説	中小指針
固定資産の分類	有形固定資産，無形固定資産及び投資その他の資産に分類	同左
固定資産の取得原価	購入金額に付随費用を加算	購入金額に付随費用を加算ただし，重要性が乏しい場合には加算しないことができる
固定資産の減価償却	定率法，定額法等により計算	同左
固定資産の減損	災害等の著しい資産価値の下落が判明したとき	予想困難な物理的・機能的減損が生じたとき
貸借対照表の表示及び注記	表示及び注記あり	左記に同じ

① 固定資産の分類

　固定資産とは，企業の営業目的を達成するため，1年を超えて所有又は使用するものをいい，要領及び中小指針とも同様に，有形固定資産，無形固定資産，投資その他の資産に分類している。

② 固定資産の取得原価

　固定資産の取得原価は，要領及び中小指針とも同様に，購入金額に引取費用等の付随費用を加えた取得価額を基礎として計算する。

　要領では上記以上の記述はないのに対し，中小指針では，重要性の乏しい少額の付随費用及び減価償却資産について，以下のようにその取扱いを規定している（中小指針33項）。

> 　有形固定資産及び無形固定遺産の取得価額は，次のとおりとする。
> (1) 原　　　則
> 　　固定資産の取得価額は，購入代価等に，買入手数料，運送費，引取運賃，据付費，試運転費等の付随費用を加えた金額とする。
> (2) 少額の付随費用
> 　　付随費用が少額である場合には，取得価額に算入しないことができる。
> (3) 少額の減価償却資産
> 　　減価償却資産のうち取得価額が少額のものについては，その取得した事業年度において費用処理することができる。

③ 固定資産の減価償却

イ　有形固定資産の減価償却

　有形固定資産の減価償却について，要領では(3)にあるように，「定率法，定額法等の方法に従い，相当の減価償却を行う」としているのみで具体的規定はない。中小指針においても「定率法，定額法その他の方法に従い，毎期継続して適用し……」（中小指針34項）と記述するのみで，特に償却方法について法人税法のように具体的かつ詳細に規定しているわけではない。

　また，耐用年数については，要領及び中小指針とも，各中小企業の判断で，それぞれの資産の使用可能期間等に応じて合理的に決定していくことになるが，法人税法に定める期間（法定耐用年数）を利用することも認められている。

ロ　無形固定資産の減価償却

　無形固定資産の減価償却について，要領では(4)にあるように，「原則として定額法により，相当の減価償却を行う」として償却方法の定めはあるが，償却年数の具体的規定はない。

　中小指針においても「定額法その他の方法に従い，毎期継続して適用する」（中小指針34項）とし，要領同様に償却方法の規定はあるが，償却年数について明確な定めはない。

　したがって，有形固定資産の場合同様，一般的慣行に従って経済実態に適正である限り，実務上は法人税法の法定耐用年数を採用することになる。

④　固定資産の減損

　固定資産の減損について，要領では「災害にあったような場合等予測することができない著しい資産価値の下落が生じる場合」には，相当の金額を評価損として計上する必要があるとしている。

　一方，中小指針では「資産の使用状況に大幅な変更があった場合・・・」（中小指針36項）に限定して減損の検討をするとしている。具体的には，「固定資産としての機能を有していても将来使用の見込みが客観的にないこと又は固定資産の用途を転用したが採算が見込めないことのいずれか該当し，かつ，時価が著しく下落している場合……」（中小指針　36項）を要件とし，要領よりも踏み込んだ内容となっている。

＜固定資産の減損＞

要領及び解説	中小指針
・予測することができない著しい資産価値の下落が生じる場合	・資産の使用状況に大幅な変更があった場合 ・時価が著しく下落した場合

⑤　貸借対照表上の表示及び注記

　要領では，固定資産に係る貸借対照表上の表示について，以下のように表示例が記述されている。また，固定資産の減価償却の方法は重要な会計方針に係

る事項であることから，個別注記表に注記することになっている（要領14）。

なお，有形固定資産及び無形固定資産については，計算書類に係る附属明細書として，その明細等を作成する。

<表示及び注記の例示>

［貸借対照表］

6．有形固定資産の減価償却累計額の表示方法（以下3通りから選択）

　① 償却対象資産（建物等）から直接減額し，減価償却累計額の金額を注記

　② 各償却対象資産を取得原価で表示し，各科目の下に減価償却累計額を控除形式で表示

　③ 各償却対象資産を取得原価で表示し，有形固定資産の最下行に一括控除形式で表示

［個別注記表］

2．重要な会計方針に係る事項に関する注記

　(1) 固定資産の減価償却の方法

　　① 有形固定資産

　　　　定率法（ただし，平成10年4月1日以降に取得した建物（附属設備を除く）は定額法）を採用しています。

　　② 無形固定資産

　　　　定額法を採用しています。

3．貸借対照表に関する注記（※上記［貸借対照表］6.①のパターン）

　(1) 有形固定資産の減価償却累計額　　○○○円（又は千円）

一方，中小指針では表示に関する記述はないが，要領と同様に，表示例が記述されており，注記についても要領と同様である。

＜要領と法人税法との比較＞

要領と法人税法を比較すると，以下の相違がある。

会計処理項目	要領及び解説	法人税法
固定資産の分類	有形固定資産，無形固定資産及び投資その他の資産に分類	左記に同じ
固定資産の取得原価	購入金額に付随費用を加算	購入金額に付随費用を加算　なお，不動産取得税等の付随費用は金額に関わらず加算しないことができる
固定資産の減価償却	定率法，定額法等により償却	建物は定額法，それ以外は定率法又は定額法等により償却
固定資産の減損	災害等の著しい資産価値の下落が判明した場合は認容	災害，遊休など特定の事実による評価損の損金算入は認容

① 固定資産の分類

　固定資産とは，企業の営業目的を達成するため，1年を超えて所有又は使用するものをいい，要領及び法人税法とも同様に，有形固定資産，無形固定資産，投資その他の資産に分類している。

② 固定資産の取得原価

　固定資産の取得原価は，要領では，購入金額に引取費用等の付随費用を加えた取得価額を基礎として計算する。

　法人税法においても，購入対価に引取運賃や荷役費，試運転費等の付随費用を加えた取得価額を基に計算する点では要領と同様である。ただし，法人税法の場合，次の費用は固定資産の取得価額に算入しないことができる（法基通7－3－3の2(1)）。

・　不動産取得税又は自動車取得税
・　特別土地保有税のうち土地の取得に対して課されるもの

・　新増設に係る事業所税
・　登録免許税その他登記又は登録のために要する費用

また，法人税基本通達では，次の金額も取得価額に含めないことができるとしている。

・　借入金の利子の額のうち，固定資産の使用開始前の期間に係るもの（法基通7－3－1の2）
・　資産を割賦販売契約で購入した場合，契約で割賦期間分の利息相当額が明らかに区分されている場合の，その利息相当額（法基通7－3－2）

さらに，法人税法では，少額減価償却資産の取扱いについて次のように定めている。

区　　分	取　扱　い	根拠条文
少額減価償却資産の全額損金算入	・使用可能期間が1年未満 ・取得価額が10万円未満	法令133
一括償却資産の3年償却	取得価額が20万円未満の減価償却資産について，耐用年数にかかわらず，3年間で損金算入することができる	法令133の2
中小企業者等の少額減価償却資産即時償却	青色申告書を提出する中小企業者等が，平成15年4月1日から平成24年3月31日までの間に取得した取得価額が30万円未満の減価償却資産については全額損金算入することができる（年間300万円が限度） （注）　平成24年度税制改正案では，2年延長されることになっている。	措法67の5

③　**固定資産の減価償却**

イ　有形固定資産の減価償却

有形固定資産の減価償却について，要領では(3)にあるように，「定率法，定額法等の方法に従い，相当の減価償却を行う」としているのみで具体的規定はない。また，耐用年数は，各企業の判断でそれぞれの資産の使用可能期間等に

応じて合理的に決定していくことになる。

　一方，法人税法では，一定の償却方法により計算された償却額を損金の額に算入することになる。この場合の償却方法は，中小企業が選択（届出）しなかった場合には，法人税法が定めた償却方法を採用することになる。

　耐用年数は，減価償却資産の耐用年数等に関する省令（耐用年数省令）において，減価償却資産の種類，用途等ごとに定められており，これを法定耐用年数という。

　また，法人税法における減価償却費は，損金経理を要件とし，償却限度額の範囲内でその計上額が損金の額に算入されることになる。この場合，法人税法は任意償却を認めているため，償却限度額に満たない金額は翌期以降に繰り延べることができる。

　ロ　無形固定資産の減価償却

　無形固定資産の減価償却について，要領では(4)にあるように，「原則として定額法により，相当の減価償却を行う」として償却方法の定めはあるが，償却年数の具体的規定はない。

　一方，法人税法では，それぞれに法定耐用年数が定められ，減価償却していくことになる。

④　固定資産の減損

　固定資産の減損について，要領では「災害にあったような場合等予測することができない著しい資産価値の下落が生じる場合」には，相当の金額を評価損として計上する必要があるとしている。

　一方，法人税法では，内国法人がその有する資産につき評価換えをして損金経理によりその帳簿価額を減額したときは，評価換えをした日の属する事業年度の所得の金額の計算上，損金の額に算入するとし（法法33②），評価換えをする事実として，次のものが例示されている（法令68①三）。

・　災害により著しく損傷したこと
・　1年以上にわたり遊休状態にあること
・　本来の用途に使用することができないため他の用途に使用されたこと

・ 所在場所の状況の著しい変化

＜要領の留意点及び課題＞
① 固定資産の分類

　固定資産の分類について，要領・中小指針及び法人税法に基本的な相違はないことから，中小企業は要領及び法人税法の規定に基づき会計処理を行うことになろう。

② 固定資産の取得原価

　固定資産の取得原価について，購入価額に付随費用を加算した取得価額を基礎として計算するという点で，要領・中小指針及び法人税法に基本的な相違はない。

　問題は，取得価額に算入しないことができる付随費用の取扱いであり，要領及び中小指針ではその判断基準を「重要性が乏しいか否か」に求めているのに対し，法人税法では，算入しないことができる費用を，金額の多寡に関わらず「費用の例示」で示している。

　仮に，要領及び中小指針の考え方に基づき少額であることだけを理由に費用処理した場合には，会計と税務で差異が生じ，申告調整とともに税効果会計の処理も必要になる可能性がある。

　要領は，中小指針・法人税法のどちらの立場をとるかを明示していないが，実務上は申告調整の煩雑さを避ける目的から，法人税法の考え方を採用することになろう。

③ 固定資産の減価償却

　固定資産の減価償却について，要領・中小指針とも具体性に欠けるため，実務上は法人税法の減価償却方法を採用するケースが多いと考えられる。

　ここで問題なのは，法人税法上の減価償却の特徴である「任意償却」が，適正な期間損益計算を妨げる要因になっているという点である。

　「任意償却」は，費用配分に基づく適正な損益計算を歪める行為につながるといえる。つまり，任意償却により減価償却費を全額計上しないという会計処

理は，中小企業の会計を適正なものとし，外部利害関係者に信頼される決算書を公表するという目的に明らかに抵触することになるからである。

一方で，厳しい経済状況である昨今では，赤字決算を避けるためやむを得ないという場合もある。

④ 固定資産の減損

固定資産の減損について，要領・中小指針及び法人税法に多少の相違はあるものの，著しい資産価値の下落を理由としている点は，それぞれに共通しているところである。

したがって，中小企業は，要領及び法人税法の規定に基づき会計処理を行うことになる。

⑤ 貸借対照表上の表示及び注記

固定資産に係る貸借対照表上の表示について，要領では表示例が記述されており，また，注記についてもⅢ様式集に基づき行うことになる。

9 繰延資産

要　領

(1) 創立費，開業費，開発費，株式交付費，社債発行費及び新株予約権発行費は，費用処理するか，繰延資産として資産計上する。
(2) 繰延資産は，その効果の及ぶ期間にわたって償却する。

＜要領の解説＞

① 繰延資産の定義

繰延資産は，対価の支払いが完了し，これに対応するサービスの提供を受けたにもかかわらず，その効果が将来にわたって生じるものと期待される費用をいう。

② 繰延資産の範囲

繰延資産は，(1)にあるように，創立費，開業費，開発費，株式交付費，社債発行費及び新株予約権発行費が該当する。

これらの項目については，費用として処理する方法のほか，繰延資産として貸借対照表に資産計上する方法も認められている。

③ 償却期間

資産計上した繰延資産は，(2)にあるように，その効果の及ぶ期間にわたって償却する必要がある。具体的な償却期間は，表2のとおりである。

<表2>

繰延資産	償却期間
創立費	5年以内
開業費	
開発費	
株式交付費	3年以内
新株予約権発行費	
社債発行費	社債の償還までの期間

④ 一時償却

　資産計上した繰延資産について，支出の効果が期待されなくなったときには，資産の価値が無くなっていると考えられるため，一時に費用処理する必要がある。

⑤ 法人税法固有の繰延資産

　法人税法固有の繰延資産については，会計上の繰延資産には該当しない。そのため，固定資産（投資その他の資産）に「長期前払費用」として計上することが考えられる。

　「法人税法固有の繰延資産」とは以下に記載するような費用で，効果が支出の日以後一年以上に及ぶものが該当する。

　　イ　自己が便益を受ける公共的施設又は共同的施設の設置又は改良のために支出する費用
　　ロ　資産を賃借し又は使用するために支出する権利金，立退料その他の費用
　　ハ　役務の提供を受けるために支出する権利金その他の費用
　　ニ　製品等の広告宣伝の用に供する資産を贈与したことにより生ずる費用
　　ホ　イからニまでに掲げる費用のほか，自己が便益を受けるために支出する費用

＜パブコメ及び対応＞

　要領は，平成23年11月8日に要領（案）を公表し広くコメント募集を行ったが，提出されたコメントとそれに対する回答概要のうち，「各論⑨繰延資産」に係る主なコメント及び「中小企業の会計に関する検討会」の対応は以下のとおりである。

コメント	対　　応
法人税法固有の繰延資産については，「固定資産（投資その他の資産）に『長期前払費用』として計上することが考えられます。」と記載されていますが，「固定資産（無形固定資産）」も追加すべきと考える。	本要領は，本要領の利用を想定する中小企業の実務において一般的に必要と考えられる会計処理について取りまとめたものである。本要領に記載のない会計処理については，総論⑤によって対応できる。
研究開発費について，会計基準と同様の処理（費用処理）を求めているものと考えて良いかどうかが明確でない。この点を本要領案に明示することが適当ではないか。（理由）「研究開発費等に係る会計基準」（企業会計審議会）では「研究開発費は，すべて発生時に費用として処理しなければならない」とされている。これに関して本要領案では特段の記載がなく，会計基準と同様の処理（費用処理）を求めているものと考えて良いかどうか明確でない。	
［解説］〜(2)にあるように，「その効果の及ぶ期間にわたって＜定額法＞にて償却する必要があります」を追加する。	社債発行費等は必ずしも定額法に限らないと考える。
本文中，税法固有の繰延資産に対する記述については，「なお，法人税法固有の繰延資産については，会計上の繰延資産には該当しない。そのため，費用として処理した上で申告調整によることを原則とし，も	本要領は，中小企業の経営者に理解しやすく，本要領の利用を想定する中小企業に必要な事項を簡潔に記載したものである。

2 各　論

し資産に計上する場合には，固定資産（投資その他の資産）に「長期前払費用」として計上することが考えられます。」のような表現にした方がよいと考える。	
繰延資産の償却額の損益計算書での表示区分を示すべき。	
中小企業において，そもそも会社法上の繰延資産と税法固有の繰延資産が混同される危険性を考慮し，税法固有の繰延資産については，税法上の償却限度額の規定がある旨の留意点を加えるべきではないか。	本要領は，税制との調和を図った上で，会社法上の計算書類等を作成する際に参照するための会計処理等を示すものであり，税務における取扱い方法について記載するものではない。

＜要領と中小指針との比較＞

　要領と中小指針を比較すると，要領は費用処理するか繰延資産として資産計上すると，並列の選択適用としているのに対し，中小指針は原則を費用処理とし，繰延資産に計上することも可能であるとしている点において相違がある。

　資産計上された繰延資産については，以下のようにその範囲及び取扱いの記述はほぼ同様である。

会計処理項目	要領及び解説	中小指針
会計上の繰延資産の範囲	創立費，開業費，開発費，株式交付費，社債発行費及び新株予約権発行費を列挙	左記をより詳細に記述
上記に係る償却額・償却期間	表2のとおり償却年数のみを記載	償却期間の他，それぞれの期間内に月割計算により相当の償却をしなければならないこと等，より詳細に記述
税法固有の繰延資産の範囲	法人税法施行令14条1項6号に定める項目について	同左

	記載	
上記に係る償却額・償却期間	記述なし	税法上の償却限度額がある旨について記述
一時償却	支出の効果が期待されなくなったときは，一時に費用処理する必要がある旨記載	左記の他，一時に償却しなければならない場合について，詳細に記述
研究開発費の会計処理	記述なし	発生時に費用処理することに留意するよう記述
貸借対照表上の表示及び注記	表示あり，注記なし	表示あり，注記なし
損益計算書上の表示及び注記	表示なし，注記なし	償却額の表示あり，注記なし

① 繰延資産の定義

　繰延資産の定義については，要領と中小指針の対象法人の相違から，要領は中小指針と比較して平易な言葉により記述したものと考えられる。

② 繰延資産の範囲

　繰延資産の範囲については，要領と中小指針では具体的な項目を列挙していることは同様であるが，中小指針においては，各項目について対象となる費用の範囲を記述している。

　旧商法施行規則においては，繰延資産として計上する項目を「創立費，開業費，研究費及び開発費，新株発行費等，社債発行費，社債発行差金，建設利息」と列挙し，それぞれの償却期間及び償却方法を定めていたが，会社法では「繰延資産に計上することが適当であると認められるもの（会社計算規則106③五）」と記述されているのみで，項目の列挙もなく，償却期間及び償却方法についても定めがなくなり，会計慣行に委ねられることとなっている。

　会社計算書類規則では，規定の適用に当たり，一般に公正妥当と認められる企業会計の基準その他の会計慣行を斟酌すべきこととなるため，実務上は「繰延資産に関する当面の取扱い（実務対応報告19号：企業会計委員会，平成18年

8月11日公表）」が会計の拠りどころとなっている。

同取扱いによれば，繰延資産は下表の５つの項目を列挙し，原則として支出時に費用処理するものとされ，ただし繰延資産に計上することは可能であるとしている。

＜参考：「繰延資産に関する当面の取扱い」に列挙されている繰延資産＞

項　目	支出の内容	償却期間
株式交付費	株式募集のための広告費，金融機関の取扱手数料，目論見書・株券等の印刷費，変更登記の登録免許税等	３年以内の効果の及ぶ期間
社債発行費等	社債募集のための広告費，金融機関・証券会社の取扱手数料，目論見書・社債券等の印刷費，社債登記の登録免許税等	社債の償還期限内
創　立　費	会社の負担すべき設立費用，発起人報酬，設立登記の登録免許税等	５年以内の効果の及ぶ期間
開　業　費	賃借料その他会社成立後営業開始時までに支出した開業準備のための費用	５年以内の効果の及ぶ期間
開　発　費	新技術・新経営組織の採用，資源の開発，市場の開拓等のために支出した費用等	５年以内の効果の及ぶ期間

注：社債発行差金は「金融商品に関する会計基準」において社債金額から直接控除する方法が定められており，建設利息は会社法において廃止されている。

また，研究開発費については，要領では記述がなく，中小指針ではその発生時に費用処理することと記述がある点に相違があるが，いずれにおいても繰延資産として計上すべきものの範囲に含まれていない。

旧商法施行規則においては「研究費及び開発費」が繰延資産として計上することができる項目とされていたが，実務上は「研究開発費等に係る会計基準（企業会計基準23号，以下「❾繰延資産」において「会計基準」という）」及び同注解において「研究及び開発」の範囲と，その会計処理について次のように示されており，中小指針はこの会計基準に準拠した考え方になっている。

> 研究及び開発の定義（会計基準１）
>   研究とは，新しい知識の発見を目的とした計画的な調査及び探究をいう。
>   開発とは，新しい製品・サービス・生産方法（以下，「製品等」という。）についての計画若しくは設計又は既存の製品等を著しく改良するための計画若しくは設計として，研究の成果その他の知識を具体化することをいう。

> 会計処理
>   研究開発費は，すべて発生時に費用として処理しなければならない（会計基準３）。
>   費用として処理する方法には，一般管理費として処理する方法と当期製造費用として処理する方法がある（注解２）。

③　法人税法固有の繰延資産の範囲

　法人税法固有の繰延資産の範囲については，要領及び中小指針とも法人税法施行令14条１項６号に掲げる項目を記載している。

④　償却額・償却期間

　要領では，資産計上した繰延資産はその効果が及ぶ期間にわたって償却する必要があるとして，表２により償却期間を掲げている。

　一方，中小指針においては，要領と同様の償却期間としているが，その期間内に原則として月割計算により相当の償却をしなければならないと記述している。

　法人税法固有の繰延資産については，償却期間についての具体的記述はいずれにもないが，中小指針では法人税法上の償却限度額の規定があることに留意するよう記載され（中小指針41項），中小企業において，会計上の繰延資産とその取扱いが混同されないよう注意を促している。

⑤ 一時償却

　要領及び中小指針とも，繰延資産について支出の効果が期待されなくなったときには，一時に償却（費用処理）する必要があるという点について相違は無い。一時に償却すべき場合について，要領には記載が無いが，中小指針においては，以下のとおり記載されている（中小指針42項(2)）。これは，会社法では減損の生じた資産については，減損損失を計上すべきこととされていることから，実務上，繰延資産について一時償却すべき場合の具体例を示しているものと考えられる。

---

(2) 本指針においては，次の場合には，一時に償却しなければならないものとして取り扱う。
　① 他の者の有する固定資産を利用するために支出した費用で資産として繰り延べたものについて，次の事実が生じた場合
　　ア　当該固定資産が災害により著しく損傷したこと
　　イ　当該固定資産が1年以上にわたり遊休状態にあること
　　ウ　当該固定資産がその本来の用途に使用することができないため，他の用途に使用されたこと
　　エ　当該固定資産の所在する場所の状況が著しく変化したこと
　② 上記に準ずる特別の事実が生じた場合

---

⑥ 貸借対照表上の表示

　貸借対照表上の表示について，要領では繰延資産は，貸借対照表上に繰延資産として資産計上すること，及び法人税法固有の繰延資産は固定資産（投資その他の資産）に「長期前払費用」と記述されている。

　本文記述のとおり「Ⅲ様式集（後述）」の【貸借対照表】において，資産の部に「Ⅲ　繰延資産」の区分が設けられており，「Ⅱ固定資産（投資その他の資産）」の区分には「長期前払費用」が記載されている。

　一方，中小指針では貸借対照表上の表示について，繰延資産の償却累計額は直接控除すること，及び税法固有の繰延資産は「長期前払費用」に科目を限定

せず，会社ごとに適当な項目を付すべきことと等，以下のように要領に比して詳細な記述となっている（中小指針43項(1)）。

> 費用処理しなかった繰延資産の未償却残高の表示は次のとおりとする。
> (1) 貸借対照表に繰延資産の部を設け，項目を示して表示する。この場合において，各繰延資産に対する償却累計額は，その各繰延資産から直接控除し，その控除残高を各繰延資産の金額として表示する。税法固有の繰延資産は，「投資その他の資産」に長期前払費用等の適当な項目を付して表示する。

⑦ 損益計算書上の表示

要領では，繰延資産に係る損益計算書上の表示及び注記について記述がないが，「Ⅲ様式集（後述）」の【販売費及び一般管理費の明細】【製造原価報告書】において，それぞれ「研究開発費」の科目が記載されている。一方，中小指針では損益計算書の表示に関し，以下のように記述している（中小指針43項(2)(3)）。

> 繰延資産の償却額の表示は，次のとおりとする。
> (2) 損益計算書において，繰延資産の償却額が営業収益との対応関係にある場合には販売費及び一般管理費に，対応関係がない場合には営業外費用に表示する。
> (3) 繰延資産の一時償却額は，原則として特別損失に表示する。

＜要領と法人税法との比較＞

要領と法人税法を比較すると，以下のように基本的な部分での相違はない。

会計処理項目	要領及び解説	法　人　税　法
会計上の繰延資産の範囲	創立費，開業費，開発費，株式交付費，社債発行費及び新株予約権発行費を列挙	法人税法施行令14条1項1号～5号及び通達により詳細に規定
上記に係る償却額・償却期間	表2のとおり償却年数のみを記載	未償却残高について随時償却できることを規定
税法固有の繰延資産の範囲	法人税法施行令14条1項6号に定める項目について記載	法人税法施行令14条1項6号に規定し通達により取扱いを詳細に記述
上記に係る償却額・償却期間	記述なし	償却方法及び償却限度額の範囲内で損金の額に算入されることについて詳細に規定
一時償却	支出の効果が期待されなくなったときは，一時に費用処理する必要がある旨記載	一定の事実が発生した場合に，評価損の損金算入が認められることを詳細に規定

① 繰延資産の定義及び範囲

　繰延資産の定義及び範囲について，要領と法人税法（法法2二十四，法令14①)に基本的な相違はない。

　ただし，法人税法では，以下のとおりその内容について詳細に規定されている。

「繰延資産の意義」に規定する政令で定める費用は，法人が支出する費用（資産の取得に要した金額とされるべき費用及び前払費用を除く。）のうち次に掲げるものとする。

区　　分		支　出　の　内　容
会計上の繰延資産	創　立　費	発起人に支払う報酬，設立登記のために支出する登録免許税その他法人の設立のために支出する費用で，当該法人の負担に帰すべきもの
	開　業　費	法人の設立後事業を開始するまでの間に開業準備のために特別に支出する費用
	開　発　費	新たな技術若しくは新たな経営組織の採用，資源の開発又は市場の開拓のために特別に支出する費用
	株式発行費	株券等の印刷費，資本金の増加の登記についての登録免許税その他自己の株式（出資を含む。）の交付のために支出する費用
	社債発行費	社債券等の印刷費その他債券（新株予約権を含む。）の発行のために支出する費用
法人税法固有の繰延資産		自己が便益を受ける公共的施設又は共同的施設の設置又は改良のために支出する費用
		資産を賃借し又は使用するために支出する権利金，立ちのき料その他の費用
		役務の提供を受けるために支出する権利金その他の費用
		製品等の広告宣伝の用に供する資産を贈与したことにより生ずる費用
		その他自己が便益を受けるために支出する費用

② **償却額・償却期間**

　要領には，その効果の及ぶ期間にわたって償却する必要があると簡記され，会計上の繰延資産の償却資産について具体的期間が記載されているのみである。

　一方，法人税法（法令64①一・二）においては，会計上の繰延資産については随時償却が認められており，法人税法固有の繰延資産については，償却限度額以下の金額を償却費として損金経理した場合に，その額の損金算入が認めら

れている。

項　　目		要領及び解説	法　人　税　法
会計上の繰延資産	創　立　費	5年以内	随時償却
	開　業　費		
	開　発　費		
	株式交付費	3年以内	
	新株予約権発行費		
	社債発行費	社債の償還までの期間	
税法固有の繰延資産	他の社の有する固定資産を利用するために支出したもの	その効果の及ぶ期間	その固定資産の耐用年数を基に算定した期間
	一定の契約をするために支出したもの		その契約期間を基に算定した期間

　なお，法人税基本通達（法基通8－1－3～12）においては，法人税法固有の繰延資産について，支出の目的別に償却期間について詳細に記述されており，その償却期間の月数を基礎に，以下の算式により償却限度額を計算することとなる（法令64①二）。

$$繰延資産の額 \times \frac{その事業年度の月数}{償却期間の月数}$$

③　一時償却（繰延資産の評価損の計上）

　要領は，資産計上した繰延資産について，支出の効果が期待されなくなったときには一時に費用処理する必要があるとしている。

　一方で，法人税法（法法33②，法令68①四）では，繰延資産のうち他の者が有する固定資産を利用するために支出したものに限り，一定の事実が生じた場合には評価損を損金算入することを認めている。

　要領には具体的内容について記述が無いため，中小指針に記載されている一

時に償却しなければならない場合を法人税法の「一定の事実」と比較してみると，法人税法では対象となる繰延資産の範囲が法人税法固有の繰延資産のうち，他の者の有する固定資産を利用するために支出されたもの限定されていること，時価が帳簿価額より低下していることが要件となること等に相違がある。

ただし，前述の償却限度額のとおり，会計上の繰延資産については法人税法で随時償却を認めているため，要領・中小指針に従って一時に費用処理した場合にも申告調整すべき金額は生じない。

中小指針の一時償却と法人税法において繰延資産の評価損の損金算入が認められる場合とを比較すると，以下のようになる。

項　　目	中小指針	法人税法（法法33②他）
一時償却すべき場合	支出の効果が期待されなくなった場合には一時に償却しなければならない	一定の事実が生じたことにより資産の評価損の損金算入を認めるとしている
繰延資産の範囲	他の者の有する固定資産を利用するために支出された繰延資産に限定されている	法令14条1項6号に掲げるもののうち，他の者の有する固定資産を利用するために支出された繰延資産に限定されている
対象となる具体的な事実	支出の対象となった固定資産に次の事実が生じていること イ．災害により著しく損傷したこと ロ．1年以上にわたる遊休状態にあること ハ．本来の用途に使用できないため他の用途に使用されたこと ニ．所在場所の状況が著しく変化したこと ホ．上記に準ずる特別の事実	同左
時価の低下	記述なし	帳簿価額が時価を下回ることが必要

なお，法人税法では損金経理により帳簿価額を減額した場合に限り，時価との差額の範囲内で評価損の損金算入が認められており，申告調整による損金算入は認められない。

＜要領の留意点及び課題＞

① 繰延資産の範囲

繰延資産の範囲については，法人税法固有の繰延資産を含め，要領・中小指針及び法人税法における基本的な相違はないことから，中小企業は要領及び法人税法の規定に基づき会計処理等を行うことになる。

② 償却額・償却期間

繰延資産の償却方法は，要領及び中小指針では具体的記述が限られており，法人税法においては償却限度額が設けられていることから，中小企業は法人税法の規定により償却することになろう。

③ 一 時 償 却

繰延資産の一時償却については，要領には具体的記述がないため，中小企業は繰延資産の支出の効果が期待されなくなった場合には，会計上の繰延資産は未償却残額を一時に償却し，法人税法固有の繰延資産はその対象となる範囲・時価下落の金額などを法人税法の規定に従って処理することとなると推測される。

④ 貸借対照表上の表示

費用として処理しなかった繰延資産の未償却残高及び繰延資産の償却額の表示は，要領本文及びⅢ様式集に基づき表示することとなる。

⑤ 損益計算書上の表示

繰延資産の償却額に係る損益計算書上の表示について，要領ではその記述がないため，中小指針に基づき表示することになろう。

10 リース取引

> **要　領**
>
> リース取引に係る借手は，賃貸借取引又は売買取引に係る方法に準じて会計処理を行う。

＜要領の解説＞

① リース取引の定義

　一般に，機器等の資産を賃借する場合，リース会社等からリースを行うケースと，例えばコピー機を短期間借り受けるケースが考えられる。本文の「リース取引」は，前者を想定している。

② リース取引の会計処理

　リース取引の会計処理には，賃貸借取引に係る方法と，売買取引に係る方法に準じて会計処理する方法の二種類がある。

　　イ　賃貸借取引に係る方法とは，リース期間の経過とともに，支払リース料を費用処理する方法をいう。

　　ロ　売買取引に係る方法に準じた会計処理とは，リース取引を通常の売買取引と同様に考える方法であり，金融機関等から資金の借入れを行って資産を購入した場合と同様に扱うこととなる。つまり，リース対象物件を「リース資産」として貸借対照表の資産に計上し，借入金に相当する金額を「リース債務」として負債に計上することとなる。

　　　また，リース資産は，一般的に定額法で減価償却を行う。

③ リース取引に関する注記

　賃貸借取引に係る方法で会計処理を行った場合，将来支払うべき金額が貸借対照表に計上されないため，金額的に重要性があるものについては，期末時点

での未経過のリース料を注記することが望ましいと考えられる。

<パブコメ及び対応>

要領は,平成23年11月8日に要領(案)を公表し広くコメント募集を行ったが,提出されたコメントとそれに対する回答概要のうち,「各論❿リース取引」に係る主なコメント及び「中小企業の会計に関する検討会」の対応は以下のとおりである。

コメント	対　応
要領案では,賃貸借取引処理と売買取引処理とどちらでもいいという書き方をしているが,2つの処理採用の判断基準を記載したほうがいいのではないか。 例えば,次のような基準 ・少額又は短期リースは賃貸借取引で可 ・法人税法上の所有権移転外リース取引については資産計上が望ましい。	本要領は,本要領の利用を想定する中小企業の実務において一般的に必要と考えられる会計処理について取りまとめたものである。本要領に記載のない会計処理については,総論❺によって対応できる。
リース取引をまずファイナンス・リース取引とオペレーティング・リース取引とに区分し,さらにファイナンス・リース取引を所有権移転リース取引と所有権移転外リース取引とに区分して,それぞれ具体的な処理方法を示すべき。	
リース取引の定義を中小指針(74－2)「所有権移転外リース取引」に記述された程度の内容を,平易な言い回しで記載すべきではないか。	本要領は,中小企業の経営者に理解しやすく,本要領の利用を想定する中小企業に必要な事項を簡潔に記載したものである。
売買処理したリース資産について,定額法とリース期間定額法の混同を避けるために,「リース期間にわたって」定額法で減価償却する旨の記述が必要であると考える。	

＜要領と中小指針との比較＞

　要領と中小指針を比較すると，リース取引について借手の処理についてのみ述べていることや，売買処理について原則処理（利息法）や簡便法があることなどに言及していない点は同様である。

　ただし，以下のように要領においては賃貸借取引に係る方法又は売買取引に準じて会計処理する方法から選択適用としており，売買処理を原則とし，賃貸借処理を選択することも可能としている中小指針とは相違している。

　また，リース取引の区分や売買取引に係る方法に準じた具体的会計方法について，要領には記述がないところに相違がある。

会計処理項目	要領及び解説	中小指針
リース取引の定義	リース会社等からリースを行うケースを想定している	所有権移転外ファイナンス・リース取引について簡潔に記述
リース取引の会計処理	賃貸借処理又は売買処理により行うとしている。	売買処理で会計処理を行うものとし，賃貸借処理も認めている
貸借対照表上の表示及び注記	表示あり，注記あり	表示なし，注記あり

① リース取引の定義

　要領では，所有権移転外ファイナンス・リース取引の借手を前提とした記述になっているが「リース会社等からリースを行うケース」と例示されているのみであり，その具体的な定義，判断の基準についての記述はない。

　一方，中小指針においては，リース取引に関する会計基準（企業会計基準第13号：改正平成19年3月30日，以下「⑩リース取引」において「会計基準」という）において詳細に定められている所有権移転外ファイナンス・リース取引の判定に基づき，以下のようにその定義を記述している（中小指針74項−2）。

> リース契約に基づくリース期間の中途において契約を解除することができないリース取引又はこれに準ずるリース取引で、借手が、契約に基づきリース物件からもたらされる経済的利益を実質的に享受することができ、かつ、リース物件の使用に伴って生じるコストを実質的に負担することとなるリース取引をファイナンス・リース取引といい、このうちリース契約上の諸条件に照らしてリース物件の所有権が借手に移転すると認められるもの以外の取引を所有権移転外ファイナンス・リース取引という。

② リース取引に係る借手の会計処理

要領と中小指針においては、いずれも所有権移転外ファイナンス・リース取引の借手を前提とし、貸手の処理やオペレーティング・リース取引等については言及していない点において相違はない。

しかし、要領が賃貸借処理と売買処理のいずれかにより処理する内容の記述になっているのに対し、会計基準の影響を受ける中小指針では、会計基準と同様に売買処理を原則として賃貸借処理を例外的に認めている点において相違がある。

また、中小指針においては、「法人税法においてはすべての所有権移転外リース取引は売買として取り扱われ、賃借人がリース料として経理した場合においても、その金額は償却費として経理をしたものと取り扱われることに留意する。」と、会計基準改訂に従い法人税法が改正されていること等に注意を促す記述がある。

③ 貸借対照表上の表示及び注記

|売買処理による場合|

貸借対照表上の表示について、要領ではリース資産、リース負債を資産、負債に計上するという記述があるが、「Ⅲ様式集（後述）」の【貸借対照表】には資産の部、負債の部のいずれにも、これらの記載例がない。

一方、中小指針においては、本文においては表示についての記述はないが、

末尾の「決算公告と貸借対照表及び損益計算書並びに株主資本等変動計算書の例示」のうち【貸借対照表の例示】に,「固定資産(有形固定資産)」の区分に「リース資産」の科目が記載されており,また「流動負債」及び「固定負債」の区分に「リース債務」の科目が記載されている。

この記載例は,会計基準(16項・17項)の以下の記述に基づく処理を行うことを前提としていると考えられる。

> リース資産については,原則として,有形固定資産,無形固定資産の別に,一括してリース資産として表示する。ただし,有形固定資産又は無形固定資産に属する各科目に含めることもできる。
>
> リース債務については,貸借対照表日後1年以内に支払の期限が到来するものは流動負債に属するものとし,貸借対照表日後1年を超えて支払の期限が到来するものは固定負債に属するものとする。

賃貸借処理による場合

通常の賃貸借処理による会計処理を行った場合には,要領では,未経過リース料のうち金額的に重要性のあるものについては注記をすることが望ましいとし,一方,中小指針においては,未経過リース料を注記するとした上で,金額に重要性がない場合には注記を省略することができると記述されている。

両者を比較すると,要領において,より中小企業の事務負担に配慮した記述となっている。

要領と中小指針の個別注記表の「重要な会計方針に係る事項」のリース取引の処理方法に関する記載例を比較すると以下とおりであり,要領がリース取引の区分について特に記述せず,より平易な表現となっているが内容に特段の相違はない。

要　　　領	中　小　指　針
リース取引については，賃貸借処理に係る方法により，支払リース料を費用処理しています。 　なお，未経過リース料総額は，○○円（又は千円）であります。	リース物件の所有権が借主に移転するもの以外のファイナンス・リース取引については，通常の賃貸借処理に係る方法に準じた会計処理によっています。 　なお，未経過リース料総額は，×××千円であります。

　なお，会計基準においては売買処理が前提となっているため，リース資産についてその内容（主な資産の種類等）及び減価償却の方法を注記するとしている（会計基準19項）。

＜要領と法人税法との比較＞

　要領は売買処理を原則としておらず，また要領，中小指針とも，取引の判断基準，会計処理について具体的記述が少ないため，会計の拠りどころとなるべき会計基準と法人税法を比較すると，以下のように法人税法が会計基準に歩み寄ったかたちで相違は少ないものの，税法として法人の恣意的な処理を回避するため，数値等が判断基準として規定されている。

会計処理項目	会計基準・同指針	法　人　税　法
リース取引に関する改正の適用時期	平成20年4月1日以降に開始する事業年度より適用し，1年間の早期適用を認める。リース取引開始日が会計基準適用初年度開始前のリース取引についても，改正後の会計基準等に定める方法により会計処理することを原則とし，例外として簡便法及び賃貸借処理の継続を認めている	平成20年4月1日以降に締結したリース契約より適用する

リース取引の定義・範囲	中途解約不能及びフルペイアウトのいずれをも満たすものをファイナンス・リース取引とする	中途解約不能で借手がその賃貸借資産からもたらされる経済的利益を享受でき，かつ，その資産の使用に伴って生ずる費用を実質的に負担すること
中途解約不能，フルペイアウトの判定	ア　現在価値基準 　　解約不能のリース期間中のリース料総額の現在価値が，リース物件を借手が現金で購入するものと仮定した場合の合理的見積金額の概ね90％以上であること イ　経済的耐用年数基準 　　解約不能のリース期間が，リース物件の経済的耐用年数の概ね75％以上であること	中途解約禁止期間中に支払う賃借料の合計額がその資産の取得のために通常要する価額のおおむね90％に相当する金額を超える場合（法令131の2②）とする その他，中途解約不能とされる場合等について法令・通達で詳細に規定
所有権移転ファイナンス・リース取引と所有権移転外ファイナンス・リース取引の区分	次のいずれかに該当する場合は所有権移転ファイナンス・リース取引とする（指針10） イ　所有権移転条項付リース ロ　割安購入選択権付リース ハ　特別仕様のリース	左記の項目について法令において詳細に規定（法令48の2⑤五）
所有権移転外ファイナンス・リース取引の借手の処理	リース取引開始日に，通常の売買取引に係る方法に準じた会計処理により，リース物件とこれに係る債務をリース資産及びリース債務として計上する	法人がリース取引を行った場合には，リース資産の賃貸人から賃借人への引渡しの時にそのリース資産の売買があったものとして，所得金額を計算する
リース資産の取得価額	リース料総額（残価保証がある場合は残価保証額を含む）	原則として，支払うべきリース料の総額

	を割引率で割り引いた現在価値と貸手の購入価額等とのいずれか低い額（指針22（1））。貸手の購入価額が明らかでない場合は現在価値と見積現金購入価額とのいずれか低い額（指針22(2))	ただし，利息相当額からなる部分の金額を合理的に区分することができる場合には，利息相当額を控除した金額を取得価額とすることができる
利息相当額の取扱い	原則として利息法により配分し，リース資産総額に重要性が乏しいと認められる場合には定額法によることが認められる	会計基準に従いリース期間の経過に応じて損金経理された金額の損金算入を認めている
リース資産の減価償却方法	減価償却費は，リース期間を耐用年数，残存価額0として計算する	リース期間定額法を法定償却方法と規定している（法令48の2①六）
賃貸借処理の継続	次のいずれかの場合，例外として賃貸借処理が可能 イ　重要性が乏しい減価償却資産につき，購入時に費用処理する方法が採用されている場合で，リース料総額が当該基準額以下のリース取引（指針35(1)） ロ　リース期間が1年以内のリース取引（指針35(2)） ハ　リース契約1件当たりのリース料総額が300万円以下のリース取引（指針35(3)）	売買があったものとされたリース資産につき，その賃借料として損金経理をした金額は，償却費として損金経理をした金額に含まれるものとする（法令131の2③）

① リース取引の定義

　法人税法に規定するリース資産は，所有権移転外リース取引に係る賃借人が取得したものとされる減価償却資産をいう（法令48の2⑤四）。

また，リース取引とは，資産の賃貸借（所有権の移転しない土地の賃貸借等を除く）で次に掲げる要件に該当するものをいう（法法64の2③）。

イ　その賃貸借に係る契約が賃貸借期間の中途において解除できないものであること

ロ　その賃貸借に係る賃借人がその賃貸借資産からもたらされる経済的利益を享受することができ，かつ，その資産の使用に伴って生ずる費用を実質的に負担すべきこととされていること(注)

(注)　費用を実質的に負担すべきことの意義
　　リース契約において，そのリース期間（中途解約禁止期間）において賃借人が支払う賃借料の金額の合計額がその資産の取得のために通常要する価額のおおむね90％に相当する金額を超える場合には，費用を実質的に負担すべきこととされているものであることに該当するものとする（法令131の2②）。

② リース資産の減価償却方法

売買処理によりリース資産を計上した場合の減価償却の方法について，要領においては定額法によるとの記述があるが，法人税法の法定償却方法はリース期間定額法であり，以下の算式により計算した金額が法人税法上の償却限度額となる（法令48の2①六）。

$$\text{リース資産の取得価額（残価保証額を除く）} \times \frac{\text{その事業年度におけるリース期間の月数}}{\text{リース資産のリース期間の月数}}$$

リース期間定額法の定義（法令48の2①六）

リース資産の取得価額（当該取得価額に残価保証額に相当する金額が含まれている場合には，当該取得価額から当該残価保証額を控除した金額）を当該リース期間の月数で除して計算した金額に当該事業年度における当該リース期間の月数を乗じて計算した金額を各事業年度の償却限度額として償却する方法をいう。

<要領の留意点及び課題>

① リース取引の定義及び会計処理

　要領においては，リース取引の定義について「リース会社等からリースを行うケースを想定」という記述しかなく，中小企業は，その事務負担や開示の範囲を鑑みて，会計基準の改訂後も賃貸借処理を継続することを前提としていると考えられる。

　従来どおりの賃貸借処理を継続した場合であっても，会計基準に反することとはならず，また法人税法でも原則として申告調整などが発生することはない。

　また，中小企業が売買処理を採用する場合には，そのリース契約から売買の有無，所有権移転の有無，減価償却方法などを判断する場合には，法人税法の規定を判断基準とすることとなろう。

　なお，要領だけをみた場合，リース取引にはその契約内容により，ファイナンス・リース取引となるものやオペレーティング・リース取引となるものがあること，所有権の移転の有無の区分があることが読み取れない点には留意をしなければならない。

② 貸借対照表上の表示及び注記

　売買処理をした場合の貸借対照表上の表示について，要領ではその具体的記述がないため，中小指針に基づき表示することになる。また，重要な会計方針に関する注記は，固定資産の減価償却の方法及び要領のⅢ様式集に基づきリース取引の処理方法について記載することになる。

11 引 当 金

> **要 領**
>
> (1) 以下に該当するものを引当金として，当期の負担に属する金額を当期の費用又は損失として計上し，当該引当金の残高を貸借対照表の負債の部又は資産の部に記載する。
> ・将来の特定の費用又は損失であること
> ・発生が当期以前の事象に起因すること
> ・発生の可能性が高いこと
> ・金額を合理的に見積ることができること
> (2) 賞与引当金については，翌期に従業員に対して支給する賞与の見積額のうち，当期の負担に属する部分の金額を計上する。
> (3) 退職給付引当金については，退職金規程や退職金等の支払いに関する合意があり，退職一時金制度を採用している場合において，当期末における退職給付に係る自己都合要支給額を基に計上する。
> (4) 中小企業退職金共済，特定退職金共済，確定拠出年金等，将来の退職給付について拠出以後に追加的な負担が生じない制度を採用している場合においては，毎期の掛金を費用処理する。

＜要領の解説＞

① 引当金の設定要件

　引当金は，未払金等の確定した債務ではないものの，(1)の4つの要件を満たす場合には，財政状態を適正に表示するために，負債の計上（又は，資産からの控除）が必要であると考えられ，合理的に見積って計上することとなる。

具体的には貸倒引当金（前掲「各論4 貸倒損失，貸倒引当金」参照），賞与引当金，退職給付引当金，返品調整引当金等の引当金があるが，金額的に重要性が乏しいものについては，計上する必要はない。

賞与引当金
① 賞与引当金の設定要件
賞与引当金については，翌期に従業員に対して支給する賞与の支給額を見積り，当期の負担と考えられる金額を引当金として費用計上する。
② 具体的見積り方法
具体的には，決算日後に支払われる賞与の金額を見積り，当期に属する分を月割りで計算して計上する方法が考えられる。
③ 旧法人税法上の賞与引当金の計算方法の採用
下記の＜参考＞に記載している算式は，従来，法人税法で用いられていた算式であり，これも1つの方法として考えられる。

＜参考＞ 支給対象期間基準の算式

$$\text{繰入額} = \left[\text{前1年間の1人当たりの使用人等に対する賞与支給額} \times \frac{\text{当期の月数}}{12} - \text{当期において期末在職使用人等に支給した賞与の額で当期に対応するものの1人当たりの賞与支給額} \right] \times \text{期末の在職使用人等の数}$$

退職給付引当金
① 退職給付引当金の設定要件
従業員との間に退職金規程や退職金等の支払いに関する合意がある場合，企業は従業員に対して退職金に係る債務を負っているため，当期の負担と考えられる金額を退職給付引当金として計上する。
② 具体的計上方法
(3)にあるように，「退職一時金制度」を採用している場合には，決算日時点で，従業員全員が自己都合によって退職した場合に必要となる退職金の総額を

基礎として，例えば，その一定割合を退職給付引当金として計上する方法が考えられる。

③ 外部に掛金を拠出し，将来追加的負担が見込まれない場合

(4)にあるように，外部の機関に掛金を拠出し，将来に追加的な退職給付に係る負担が見込まれない制度を採用している場合には，毎期の掛金を費用として処理し，退職給付引当金は計上しない。

＜パブコメ及び対応＞

要領は，平成23年11月8日に要領（案）を公表し広くコメント募集を行ったが，提出されたコメントとそれに対する回答概要のうち，「各論11引当金」に係る主なコメント及び「中小企業の会計に関する検討会」の対応は以下のとおりである。

コメント	対応
［解説］返品調整引当金の例示がないが，「負債性引当金として流動負債⑨返品調整引当金をプラス表示してください」という記述が必要といえる。	本要領は，本要領の利用を想定する中小企業の実務において一般的に必要と考えられる会計処理について取りまとめたものである。本要領に記載のない会計処理については，総論5によって対応できる。
「中小指針によることを求めることが必ずしも適当ではない中小企業」に対してまで賞与引当金の計上を求めることは，実態にそぐわないと考える。	
枠内(3)では，「退職一時金制度を採用している場合において，当期末における退職給付に係る自己都合要支給額を基に計上する」とされていますが，例えば，「原則として，当期末における退職給付‥‥」のように，本要領案以外の方法があることを示す記載とすることが適当ではないか。	
拠出後に追加的な負担が生じる制度の場合の処理が示されていない。これについて	

も処理方法を示す必要があるのではないか。	
退職給付引当金は，自己都合要支給額の全額を引き当てることを原則としてもよいのではないか。	将来必要となる退職金の額は，従業員の年齢構成や昇給率等の企業の状況によって様々であるという考え方から，原案の表現としている。
枠内(1)に示す4つの要件について，例えば，「以下のいずれにも該当するものを‥‥」と明記した方がいいのではないか。 枠内(1)に示す4つの要件は，「いずれかに該当する」場合ではなく，「いずれにも該当する」場合に引当金を設定することになるため。	【解説】において，「(1)の4つの要件を満たす場合には」と記載している。

＜要領と中小指針との比較＞

要領と中小指針を比較すると，ほぼ同様の内容になっているが，以下の項目において相違がある。

項　目	要領及び解説	中　小　指　針
引当金の区分	記述なし	評価性引当金と負債性引当金に分類している。
引当金の設定要件	引当金全般についての記述及び賞与引当金，退職給付引当金について平易な表現の記述あり。	引当金全般について同様の記述及び賞与引当金，退職給付引当金についてより詳細な記述あり。
引当金の算定方法	記述あり	より詳細な記述あり
会計処理	記述なし	退職給付引当金については，記述がある。
法人税法との関係	記述なし	損金算入の有無について表により簡記あり。
損益計算書上の表示	記述なし	記述あり
貸借対照表上の表示	記述あり	記述あり

| 注記 | 記述なし | 個別の記述はないが，個別注記表の例示に注記例あり。 |

① 引当金の区分

　要領では，引当金の区分についての記述は無いが，中小指針（49項）では，下表のとおり会計上の引当金を評価性引当金と負債性引当金に区分しつつ法人税法との関係を示しており，またその計上については，次のように前置きしている。

○　賞与引当金等の法的債務（条件付債務）である引当金は，負債として計上しなければならない。

○　修繕引当金のように法的債務ではないが，将来の支出に備えるための引当金については，金額に重要性の高いものがあれば，負債として計上することが必要である。

分　類		種　類	税　法
会計上の引当金	評価性引当金	貸倒引当金	損金算入限度額あり
	負債性引当金	返品調整引当金	
		賞与引当金，退職給付引当金，製品保証引当金，売上割戻引当金，工場補償引当金，修繕引当金，特別修繕引当金，債務保証損失引当金，損害補償損失引当金，役員賞与引当金，工場損失引当金等	損金不算入

② 引当金の設定要件

　要領と中小指針に相違はないが，要領を採用する中小企業に配慮して，中小指針と比し要件を平易に記述している。

③ 引当金の算定方法

　要領及び指針とも，すべての引当金について当期の負担に属する金額を当期の費用または損失として計上し，その引当金の残高を貸借対照表に計上すると

いう基本的な考え方に相違はない。

[賞与引当金]

　要領及び指針とも，翌期に従業員に対して支給する賞与の見積額のうち，当期の負担に属する部分の金額を計上すべきとしている点において相違は無い。

　要領は「決算日後に支払われる賞与の金額を見積り，当期に属する分を月割りで計算して計上する方法が考えられる」としており，また要領及び指針とも，旧法人税法で用いられた算式により計算する方法も例示していることは同様である。

　なお，中小指針（51項(2)）では，役員賞与についても発生した会計期間の費用として処理することを記述しており，当期の職務に係る役員賞与の支給を翌期に開催される株主総会で決議する場合には，その決議する額又はその見込額を，原則として，計上することとしている。

[退職給付引当金]

　要領では，従業員との間に退職給与規程や退職金等の支払に対する合意がある場合，債務を負っているため，当期の負担と考えられる金額を退職給付引当金に計上すべきとの記述がある。退職一時金制度がある場合には，期末自己都合要支給額を基礎として，その一定割合を計上すべき方法を例示している。

　中小指針においても，就業規則等の定めによる退職一時金，厚生年金基金その他の制度を採用している場合には，従業員との間に法的債務を負っていることになるため，引当金の計上が必要であるという記述で，その基本的な考え方に差異はない。

　しかし，中小指針（53項・54項）においては，「退職給付債務・退職給付引当金」を各論の個別項目として取り上げ，確定給付型退職給付債務について，以下の記述があるところに相違がある。

○　確定給付型退職給付債務の会計処理－原則法

　　退職時に見込まれる退職給付の総額のうち，期末までに発生していると認められる額を一定の割引率及び予想残存勤務期間に基づいて割引計算した退

職給付債務に，未認識過去勤務債務及び未認識数理計算上の差異を加減した額から年金資産の額を控除した額を退職給付に係る負債（退職給付引当金）として計上する。

○　確定給付型退職給付債務の計算方法－簡便的方法

退職一時金制度の場合，退職給付に係る期末自己都合要支給額をもって退職給付債務とすることは，会社が自ら計算することができる方法である。

確定給付型の企業年金制度であっても，通常，支給実績として従業員が退職時に一時金を選択することが多い。この場合には，退職一時金制度と同様に退職給付債務を計算することができる。

④　引当金の表示

要領では，当期の負担に属する金額を当期の費用または損失として計上し，その引当金の残高を貸借対照表の負債の部または資産の部に記載するとしている。

イ　貸借対照表の表示

中小指針においては，引当金は，「その計上の目的を示す適当な名称をつけて記載しなければならない」と記述しているのみで，貸借対照表の計上区分については記述がないが，【貸借対照表の例示】においては，評価性引当金である貸倒引当金は，資産の部の控除形式で計上し，負債性引当金については，その期間に着目し，流動負債と固定負債にそれぞれ賞与引当金・退職給付引当金を計上する例示をしている。

ロ　損益計算書の表示

中小指針においては，引当金の繰入額は，その引当金の目的に応じて，売上原価の控除項目，製造原価，販売費及び一般管理費または営業外費用として，その内容を示す適当な項目に計上するものとしている。

⑤　注　　記

引当金についての注記事項は，要領では「個別注記表（後述）」の「**2．重要な会計方針に係る事項に関する注記**」に，以下のように注記することが例示されている。

> (3) 引当金の計上基準
>   ② 賞与引当金　　　従業員の賞与支給に備えるため，支給見込額の当期負担分を計上しています。
>   ③ 退職給付引当金　従業員の退職給付に備えるため，決算日において，従業員全員が自己都合によって退職した場合に必要となる退職金の総額の○％を計上しています。

<要領と法人税法との比較>

　要領では，会計の一般慣行どおり将来予測される費用又は損失については，当期の負担に属する部分を見積計上することを要求している。一方，法人税法では，各事業年度の所得の金額の計算上，損金の額に算入される金額は，償却費の金額を除き，事業年度終了の日までに債務の確定したものに限られ（法法22③），見積りによる損金算入は認められないとして，その基本的な考え方に相違がある。

　ただし，法人税法では別段の定めにより貸倒引当金（前掲参照）及び返品調整引当金につき，繰入限度額の範囲内で例外的に損金算入が認められ，また租税特別措置法で特別修繕準備金の計上などが認められている。

　中小企業がこれらの引当金を計上する場合には，要領及び中小指針には具体的計算方法の記述がないため，法人税法あるいは租税特別措置法の基準により計上することとなろう。

① 返品調整引当金

　内国法人で出版業その他の一定の事業（以下「対象事業」という。）を営むもののうち，常時その販売する対象事業に係る棚卸資産の大部分につき，販売の際の価額による買戻しに係る特約等を結んでいるものが，その棚卸資産の特約に基づく買戻しによる損失の見込額として，各事業年度終了の時において損金経理により返品調整引当金勘定に繰り入れた金額については，その繰り入れた金額のうち，最近の買戻し実績を基礎として計算した金額に達するまでの金

額は、その事業年度の所得の金額の計算上、損金の額に算入する（法法58）。

具体的には以下のとおり売掛金基準または売上高基準により算定し、いずれか多い金額を限度とする。

- ○ 売掛金基準：期末売掛金等×返品率×売買利益率
- ○ 売上高基準：期末以前2月間の売上高×返品率×売買利益率

② 特別修繕引当金

特別修繕引当金は、平成10年度税制改正により廃止されているが、その廃止による影響の大きさから、現行では租税特別措置により「特別修繕準備金」が設けられており、会計上の特別修繕引当金のうち、その税務上の要件を充たす金額について損金算入が認められる。

青色申告法人が、各事業年度において、その事業の用に供する一定の固定資産について行う「特別の修繕」に要する費用の支出に備えるため、その固定資産について、積立限度額以下の金額を損金経理の方法により特別修繕準備金として積み立てたとき（その事業年度の決算の確定の日までに剰余金の処分により積立金として積立てる方法により特別修繕準備金として積み立てたときを含む。）は、その積立てた金額は、その事業年度の所得の金額の計算上、損金の額に算入する（措法57の8）。

＜要領の留意点及び課題＞

① 引当金の範囲

計上する引当金の範囲について、要領と中小指針において考え方に相違はないことから、中小企業は要領等に基づき範囲の判定を行うことになる。

また、法人税法においては原則として引当金の損金算入は認められていないが、引当金の計上を禁止しているものではなく、要領による引当金の設定要件を満たすものは、損金算入限度額の規定及び損金不算入となることにかかわらずその設定をする必要がある。

② 退職給付債務

退職給付債務は、退職給付見込額等の総額のうち、期末に発生していると認

められる額を，一定の割引率及び予想される残存勤務期間に基づき割引計算することが「退職給付会計基準」に定められている。しかし要領では，中小企業のコスト負担，事務負担を考慮し，実務上退職給付債務の計算を行うことはまれであるという前提で，会社で計算することが容易である期末要支給額を基礎とする方法に限定した記述となっている。

12 外貨建取引等

> **要 領**
>
> (1) 外貨建取引（外国通貨で受け払いされる取引）は，当該取引発生時の為替相場による円換算額で計上する。
> (2) 外貨建金銭債権債務については，取得時の為替相場又は決算時の為替相場による円換算額で計上する。

＜要領の解説＞

① 外貨建取引の意義

　外貨建取引とは，決済が円以外の外国通貨で行われる取引をいう。

② 取引発生時の処理

　例えば，ドル建で輸出を行った場合，ドル建の売上金額に，取引を行った時のドル為替相場を乗じて円換算し，売上高と売掛金を計上する。

　この場合の，取引発生時のドル為替相場は，取引が発生した日の為替相場のほか，前月の平均為替相場等直近の一定期間の為替相場や，前月末日の為替相場等直近の一定の日の為替相場を利用することが考えられる。

③ 決算時の処理

　上記②のドル建の売上取引に関する売掛金が，期末時点でも残っている場合は，貸借対照表に記載する金額は，取引を行った時のドル為替相場による円換算額か，決算日の為替相場による円換算額かのいずれかで計上する。

　なお，決算日の為替相場のほか，決算日の前後一定期間の平均為替相場を利用することも考えられる。

④ 為替予約を行っている場合の処理

　為替予約を行っている場合には，外貨建取引及び外貨建金銭債権債務について，決済時における確定の円換算額で計上することができる。

⑤ 換算差額の処理

決算日の為替相場によった場合には，取引を行った時のドル為替相場による円換算額との間に差額が生じるが，これは為替差損益として損益処理する。

<パブコメ及び対応>

要領は，平成23年11月8日に要領（案）を公表し広くコメント募集を行ったが，提出されたコメントとそれに対する回答概要のうち，「各論⑫外貨建取引等」に係る主なコメント及び「中小企業の会計に関する検討会」の対応は以下のとおりである。

コメント	対応
外貨建債権債務について，決算時の為替相場による円換算を強制しない扱いとすることに反対する。また，多額の含み損を抱えたデリバティブ取引の会計処理についても指針を出すべきである。	本要領は，本要領の利用を想定する中小企業の実務において一般的に必要と考えられる会計処理について取りまとめたものである。本要領に記載のない会計処理については，総論⑤によって対応できる。
決算時の処理として，外国通貨・外貨預金・外貨建有価証券に対する処理の計上基準を示すべきではないか。	
［解説］「外貨建取引とは」の記述の後に「いわゆる外貨建て円払いの取引は外貨建取引に該当しません」という注意書きが必要である。 また，取引発生日以外の為替相場の円換算適用は「継続適用を条件とします」という記述が必要といえる。	本要領は，中小企業の経営者に理解しやすく，本要領の利用を想定する中小企業に必要な事項を簡潔に記載したものである。
換算差額及び決済差損益の取扱いに伴う会計処理を説明する必要がある。本要領案では換算差額についてのみ記述がなされており，決済差損益についての処理基準や，決済差損益の表示箇所が示されていない。	

中小法人において，外貨建取引について，税法基準（法人税法の規定）で対応すれば，本要領から除外しても良いのではないか。中小法人において，実務上外貨建取引がどの程度行われるものであるか疑問があるため。	企業活動の国際化が進んでいく中小企業もあるという観点から，項目建てしているものである。

＜要領と中小指針との比較＞

要領と中小指針を比較すると，以下のような相違がある。

会計処理項目	要領及び解説	中 小 指 針
取引発生時の処理	取引発生時の為替相場による円換算額についてより詳細に記述	取引発生時の為替相場による円換算額
決算時の処理	外貨建金銭債権債務については，取得時の為替相場又は決算時の為替相場による円換算額で計上	外貨建金銭債権債務については，原則として決算時の為替相場による円換算額で計上。ただし，長期（1年超）のものについて重要性がない場合には，取得時の為替相場による円換算額で計上
為替予約を行っている場合の処理	決済時における確定の円換算額で計上することができる	ヘッジ会計の要件を充たしている場合には，ヘッジ会計を適用することができる。また，決済時における円換算額と直物相場との差額を期間配分する方法（振当処理）によることもできる
換算差額の処理	為替差損益として損益処理	営業外損益の部において当期の為替差損益として処理。ただし，有価証券を時価で計上した場合の評価差額に含まれる換算差額は，その評価差額に関する処理に従う
注　　記	表示なし	表示なし

① 取引発生時の処理

取引発生時の為替相場について，要領では「取引が発生した日の為替相場のほか，前月の平均為替相場等直近の一定期間の為替相場や，前月末日の為替相場等直近の一定の日の為替相場を利用することが考えられる」と，中小指針と比較してより詳細に解説がされている。

② 決算時の処理

決算時の処理については，中小指針は外貨建取引等会計処理基準（旧大蔵省企業会計審議会：改正平成11年10月22日，以下「⓬外貨建取引等」において「会計基準」という）に準拠している。

そのため，外国通貨・外貨預金・外貨建金銭債権債務は原則として決算時の為替相場により換算し，外貨建売買目的有価証券・その他有価証券（時価のないものを含む）及び評価損を計上した有価証券については，時価（時価のないものについては取得原価）を決算時の為替相場により換算する等，要領と比較してより詳細な記述がされている。

> **決算時の処理（中小指針76項）**
> 外国通貨，外貨建金銭債権債務等の金融商品については，決算時において，原則として，次の処理を行う。
> (1) 外国通貨については，決算時の為替相場による円換算額を付す。
> (2) 外貨建金銭債権債務（外貨預金を含む。）については，決算時の為替相場による円換算額を付す。
> (3) 満期保有目的の外貨建債券については，外国通貨による取得原価又は償却原価法に基づく価格を決算時の為替相場により円換算した額を付す。
> (4) 外貨建売買目的有価証券及びその他有価証券については，外国通貨による時価（その他有価証券のうち時価のないものについては取得原価）を決算時の為替相場により円換算した額を付す。
> (5) 子会社株式及び関連会社株式については，取得時の為替相場に

> よる円換算額を付す。
> (6) 外貨建有価証券について時価の著しい下落又は実質価額の著しい低下により評価額の引下げが求められる場合には，当該外貨建有価証券の時価又は実質価額は，外国通貨による時価又は実質価額を決算時の為替相場により円換算した額による。

③ 為替予約を行っている場合の処理

　会計基準はその注解6において，ヘッジ会計を適用する場合には金融商品に係る会計基準（企業会計基準第10号：改正平成20年3月10日）における「ヘッジ会計の方法」によるほか，当分の間，振当処理によることができるとしているため，中小指針でも採用されている。

　なお，振当処理とは為替予約等により確定する決済時における円貨額により外貨建取引及び金銭債権債務等を換算し，直物為替相場との差額を期間配分する方法をいう。

> **為替予約等の振当処理について（会計基準注解7）**
>
> 　外貨建金銭債権債務等に係る為替予約等の振当処理（当該為替予約等が物品の売買又は役務の授受に係る外貨建金銭債権債務に対して，取引発生時以前に締結されたものである場合を除く）においては，当該金銭債権債務等の取得時又は発生時の為替相場（決算時の為替相場を付した場合には当該決算時の為替相場）による円換算額と為替予約等による円貨額との差額のうち，予約等の締結時までに生じている為替相場の変動による額は予約日の属する期の損益として処理し，残額は予約日の属する期から決済日の属する期までの期間にわたって合理的な方法により配分し，各期の損益として処理する。ただし，当該残額について重要性が乏しい場合には，当該残額を予約日の属する期の損益として処理することができる。
>
> 　取得時又は発生時の為替相場による円換算額と為替予約等による

円貨額との差額のうち次期以降の配分される額は，貸借対照表上，資産の部又は負債の部に記載する。

④ 換算差額の処理

換算差額の処理については，要領では決算時における換算によって生じた換算差額についてのみ記述がなされているが，中小指針では換算差額及び決済差損益の双方について，「営業外損益の部」において当期の為替差損益として処理することとされている。

なお，中小指針では前述の76項(6)において，時価の著しい下落又は実質価額の著しい低下により評価額の引下げが求められる場合には，外国通貨による時価又は実質価額を決算時の為替相場により換算するとしているが，これは会計基準に準拠したものである。

外貨建取引（会計基準一）
2 決算時の処理
(2) 換算差額の処理
　　決算時における換算によって生じた換算差額は，原則として，当期の為替差損益として処理する。ただし，有価証券の時価の著しい下落又は実質価額の著しい低下により，決算時の為替相場による換算を行ったことによって生じた換算差額は，当期の有価証券の評価損として処理する。また，金融商品に係る会計基準による時価評価に係る評価差額に含まれる換算差額については，原則として，当該評価差額に関する処理方法に従うものとする。
3 決済に伴う損益の処理
　　外貨建金銭債権債務の決済（外国通貨の円転換を含む）に伴って生じた損益は，原則として，当期の為替差損益として処理する。

⑤ 注　記

要領及び中小指針ともに，外貨建取引等における注記について記述がないが，

要領では会社計算規則に基づき，重要な会計方針に係る事項，株主資本等変動計算書に関する事項等を注記することとされており（要領14項(1)），中小指針においても同様の記述がある（中小指針82項）。

したがって，外貨建取引等に係る換算方法や換算差額の処理については，重要な会計方針に係る事項として個別注記表の記載が必要であると考えられる。

<要領と法人税法との比較>

要領では外貨建資産等について，決算時においては原則として取引発生時の為替相場による円換算額か，決算日の為替相場による円換算額かのいずれかで計上することとされているのに対し，法人税法は一年基準により短期と長期とに分類したうえで，期末換算の方法を規定している。

会計処理項目	要領及び解説	法人税法
取引発生時の処理	取引発生時の為替相場のほか，直近の一定期間の為替相場や，直近の一定の日の為替相場により換算	原則は取引日における電信売買相場の仲値，継続適用を条件に要領と同様の換算も認められる
決算時の処理	外貨建金銭債権債務については，取得時の為替相場又は決算日の為替相場による円換算額で計上	一年基準により短期と長期とに分類した上で，期末換算の方法を規定（下表参照）
為替予約を行っている場合の処理	決済時における確定の円換算額で計上することができる	要領と同様の取扱いができるが，契約締結日に帳簿書類に記載した場合に限られる
換算差額の処理	為替差損益として損益処理	換算差額は洗替方式により益金の額又は損金の額に算入

一方，中小指針においては下表により会計上と法人税法上の換算方法を比較しているが，換算方法等を税務署長に届け出ることにより，外貨建その他有

価証券を除き会計処理と法人税法上の取扱いを一致させることができる旨を明記している（中小指針79項一部改変）。

外貨建資産等の区分			中小指針の換算方法	法人税法上の換算方法
外国通貨			決済時の為替相場により換算	期末時換算法
外貨預金	短期外貨預金			期末時換算法（法定換算方法）又は発生時換算法
	上記以外のもの			期末時換算法又は発生時換算法（法定換算方法）
外貨建債権債務	短期外貨建債権債務		決算時の為替相場により換算（ただし、旧商法による転換社債については、発行時の為替相場）	期末時換算法（法定換算方法）又は発生時換算法
	上記以外のもの			発生時換算法（法定換算方法）又は期末時換算法
外貨建有価証券	売買目的有価証券		期末時価を決算時の為替相場により換算	期末時換算法
	売買目的外有価証券	償還期限及び償還金額のあるもの（満期保有目的）	取得原価又は償却原価を決算時の為替相場により換算	発生時換算法（法定換算方法）又は期末時換算法
		償還期限及び償還金額のあるもの（満期保有目的外）（注2）	期末時価を決算時の為替相場により換算（原則：換算差額は純資産の部に計上、例外：換算差額は当期の損益）	
		償還期限及び償還金額のないもの（株式）（注2）	期末時価を決算時の為替相場により換算（換算差額は純資産の部に計上）	発生時換算法
		子会社株式及び関連会社株式	取得原価を取得時の為替相場により換算	

（注1） 外貨建取引、外貨建債権、外貨建債務、外貨建有価証券、発生時換算法及び期末時換算法とは、原則として、法人税法第61条の8《外貨建取引の換算》第1項及び同法第61条の9《外貨建資産等の期末換算差益又は期末換算差損の益金又は損金算入等》第1項に定めるものをいう。
　　　　また、保有期間等が1年超であるか否かについては、期末時点で判定する。
（注2） 会計上は「その他有価証券」である。

① 取引発生時の円換算額（発生時換算法）

　要領では，取引発生時の円換算額について，取引が発生した日の為替相場のほか，前月の平均為替相場等直近の一定期間の為替相場や，前月末日の為替相場等直近の一定の日の為替相場を利用することが考えられるとしているが，法人税法では原則として取引日における電信売買相場の仲値，特例として継続適用を条件に，売上その他の収益又は資産については取引日の電信買相場，仕入その他の費用（原価及び損失を含む）又は負債については取引日の電信売相場によることができるものとされている（法基通13の2－1－2）。

　ただし，法人税基本通達では，合理的と認められる場合は継続適用を条件として直近の一定期間の為替相場や，直近の一定の日の為替相場の使用も認めているため，結果として要領と基本的な相違はない。

法基通13の2－1－2（注）

1　本通達の本文の電信売相場，電信買相場及び電信売買相場の仲値については，原則としてその法人の主たる取引金融機関のものによることとするが，法人が同一の方法により入手等をした合理的なものを継続して使用している場合には，これを認める。

2　上記の円換算に当たっては，継続適用を条件として，当該外貨建取引の内容に応じてそれぞれ合理的と認められる次のような為替相場も使用することができる。

　(1)　取引日の属する月若しくは週の前月若しくは前週の末日又は当月若しくは当週の初日の電信買相場若しくは電信売相場又はこれらの日における電信売買相場の仲値

　(2)　取引日の属する月の前月又は前週の平均相場のように1月以内の一定期間における電信売買相場の仲値，電信買相場又は電信売相場の平均値

3～6　省略

② 決算時の円換算額（期末時換算法）

　要領では，決算時の円換算額について，取引を行った時のドル為替相場による円換算額か，決算日の為替相場による円換算額（又は決算日の前後一定期間の平均為替相場）かのいずれかで計上するが，法人税法では原則として事業年度終了の日の電信売買相場の仲値によることとし，特例として継続適用を条件に，資産については取引日の電信買相場，負債については取引日の電信売相場によることができるものとされている（法基通13の2－2－5）。

　なお，①同様継続適用を条件に，その事業年度終了の日を含む1月以内の一定期間におけるそれぞれの平均値によることができ，更に事業年度終了の日の電信買相場又は電信売相場が異常に高騰し，又は下落しているため，これらの相場又はその仲値によることが適当でないと認められる場合も平均値を使用することが認められている（同通達（注）1.2）。

　なお，前述のとおり，一年基準により短期と長期とに分類した上で，期末換算の方法を規定している。

③ 先物外国為替契約等がある場合の円換算額の特例（為替予約を行っている場合の円換算額）

　法人税法では，外貨建取引に係る売上その他の収益又は仕入その他の費用につき円換算を行う場合において，その計上を行うべき日までに，その収益又は費用の額に係る本邦通貨の額を先物外国為替契約等により確定させているときは，その確定させている本邦通貨の額をもってその円換算額とすることができる（法基通13の2－1－4）。

　同様に，外貨建取引によって取得又は発生する資産・負債について先物外国為替契約等により円換算額を確定させているときは，その確定している円換算額をもってこれらの資産・負債の円換算額とすることとされている（法基通13の2－2－6）。

　これらの処理はその先物外国為替契約等の締結の日に，円換算額を確定させた旨及び先物外国為替契約等の明細等を帳簿書類に記載した場合に限られるが（法規27の10，11），結果として要領と基本的な相違はない。

なお，その円換算額と取引時の為替相場により換算した金額との差額（為替予約差額）については，外貨建資産等の決済日の属する事業年度までの各事業年度に配分し，益金の額又は損金の額に算入することになるが（法法61の10①），その外貨建資産等が短期外貨建資産等に該当する場合には，届出により為替予約差額を一括計上することも認められている（法法61の10③，法令122の10②）。

④ 外貨建資産等の期末換算方法の選定の方法及び手続

内国法人が事業年度終了の時において有する外貨建資産等の金額を円換算額に換算する方法は，その外国通貨の種類ごとに，かつ，外貨建資産等の区分ごとに選定しなければならない（法令122の4）。

なお，前述の表のような期末換算方法を選択できる外貨建資産等の取得をした場合には，法定換算方法以外の方法を選択する場合はその取得をした日の属する事業年度の確定申告書の提出期限（仮決算による中間申告書を提出する場合には，その中間申告書の提出期限）までに，その外貨建資産等と外国通貨の種類を異にするものごとに，かつ，外貨建資産等の区分ごとに期末換算の方法を書面により納税地の所轄税務署長に届け出なければならない（法令122の4）。

⑤ 外貨建資産等の期末換算差損益の益金又は損金算入等（換算差額の処理）

内国法人が事業年度終了の時において期末時換算法によりその金額の円換算額への換算をする外貨建資産等を有する場合には，その外貨建資産等の金額を期末時換算法により換算した金額と帳簿価額との差額に相当する金額（為替換算差額）は，その事業年度の所得の金額の計算上，益金の額又は損金の額に算入し，翌事業年度開始時に繰り戻すこととされている（法法61の9②～④，法令122の8）。

＜要領の留意点及び課題＞

① 外貨建取引の意義

外貨建取引の意義については，要領では「決済が円以外の外国通貨で行われる取引をいう」と記述されているが，中小指針では記述がない。

一方，法人税法では「外国通貨で支払が行われる資産の販売及び購入，役務の提供，金銭の貸付け及び借入れ，剰余金の配当その他の取引をいう（法法61の8①）」と規定されているが，要領との基本的な相違はない。

② 取引発生時の処理

　取引発生時の処理ついては，要領・中小指針及び法人税法における基本的な相違はないことから，中小企業は要領及び法人税法の規定に基づき会計処理等を行うことになろう。

③ 決算時の処理

　決算時の処理について，要領は外貨建金銭債権債務についてのみの記述に止まっているのに対し，中小指針では外国通貨・外貨預金・外貨建金銭債権債務・外貨建有価証券に区分し，それぞれについて換算方法の記述がなされている。

　一方，法人税法では中小指針に近い形に区分したうえ，更に一年基準により短期と長期に分類して期末の換算方法が規定されている。

　要領において，外国通貨・外貨預金・外貨建有価証券に対する処理の計上基準を示していないこと，また，外貨建金銭債権債務についても取得時又は決算時の為替相場のいずれかという選択の幅の広さは実務上の課題となろう。

　中小企業の決算時の処理は，中小指針を考慮したうえで法人税法の規定に基づく届出の提出を検討し，換算方法の実務上の判断を行うものと考えられる。

④ 為替予約を行っている場合の処理

　為替予約を行っている場合の処理は，中小指針では決済時における円換算額と直物相場との差額を期間配分する方法（振当処理）の選択を認めており，また，法人税法においても先物外国為替契約等の明細等を帳簿書類に記載することを要件に，その契約等により円換算額を確定させているときは，その確定している円換算額による換算方法を認めている。

　したがって，便宜的かつ簡便である，決済時における円換算額を採用する中小企業が多いものと推測される。

⑤ **換算差額の処理**

　要領では換算差額についてのみ記述がなされており，決済差損益についての計上基準を示していないことが実務上の課題となるだろう。

　為替差損益については，換算差額の計上は法人税法において規定されている洗替方式を採用し，表示上は中小指針に基づき換算差額及び決済差損益の双方を「営業外損益の部」において処理する中小企業が多いものと推測される。

⑥ **注　　　記**

　外貨建取引等に係る換算方法や換算差額の処理については，重要な会計方針に係る事項として個別注記表の記載が必要であると考えられる。

⑦ **税法基準の採用**

　中小企業において，実務上外貨建取引がどの程度行われるものであるか疑問があるが，前述のパブコメの対応において，「企業活動の国際化が進んでいる中小企業もあるという観点から，項目建てしているものである。」と回答している。

　外貨建取引が発生した場合には法人税法の規定（税法基準）により処理を行うことで対応すれば，要領において記述する必要はないものと考えられる。

13 純資産

> 要　領
>
> (1) 純資産とは，資産の部の合計額から負債の部の合計額を控除した額をいう。
> (2) 純資産のうち株主資本は，資本金，資本剰余金，利益剰余金等から構成される。

＜要領の解説＞

① 純資産の意義

　純資産とは，(1)にあるように資産の部の合計額から負債の部の合計額を控除した額をいい，そのうちの株主資本は，(2)にあるように資本金，資本剰余金，利益剰余金等から構成される。

② 資本金及び資本剰余金

　資本金及び資本剰余金は，原則として，株主から会社に払い込まれた金額をいう。

　資本剰余金は，会社法上，株主への分配が認められていない資本準備金と，認められているその他資本剰余金に区分される。設立又は株式の発行に際して，株主から会社に払い込まれた金額は，資本金に計上するが，会社法の規定に基づき，払込金額の2分の1を超えない額については，資本金に組み入れず，資本剰余金のうち資本準備金として計上することができる。

③ 利益剰余金

　利益剰余金は，原則として，各期の利益の累計額から株主への配当等を控除した金額をいい，会社法上，株主への分配が認められていない利益準備金と，認められているその他利益剰余金に区分される。また，その他利益剰余金は，

任意積立金と繰越利益剰余金に区分される。

　配当を行った場合，会社法の規定により一定額を資本準備金又は利益準備金に計上する必要がある。

　各期の利益の累計額から株主への配当等を控除した金額は，繰越利益剰余金に計上されるが，株主総会又は取締役会の決議により任意積立金を設定することができる。

④　自己株式

　期末に保有する自己株式は，純資産の部の株主資本の末尾に自己株式として一括して控除する形式で表示する。

＜パブコメ及び対応＞

　要領は，平成23年11月8日に要領（案）を公表し広くコメント募集を行ったが，提出されたコメントとそれに対する回答概要のうち，「各論⑬純資産」に係る主なコメント及び「中小企業の会計に関する検討会」の対応は以下のとおりである。

コメント	対応
純資産の部の表現について，もっと内容が分かりやすい表現にすべきではないか。 経営者に使い勝手のいい会計を目指すのであれば，例えば，配当可能剰余金，配当不可剰余金のような表現にできないのか。	会社計算規則を踏まえた表示としている。
［解説］株主資本と資本金の関係を解説する必要がある。 ＜例示＞会社の資本には株主資本と資本金の2つの意味があり，その増減の内容を記述する必要がある。 ：株主資本＝貸借対照表の純資産を構成する各項目の合計額である。 ：資本金＝財産の多寡と切り離された一つの計数であり，資本金の額の増	本要領は，中小企業の経営者に理解しやすく，本要領の利用を想定する中小企業に必要な事項を簡潔かつ可能な限り平易に記載したものである。

減は株主資本の額を増減させるが自己株式の処分では株主資本が増加するが資本金の額は増加しない。	
自己株式の処分・消却時等の処理の解説も必要といえる。	
株主資本等変動計算書に関する解説が必要ではないか。 株主資本等変動計算書は会社法において作成することが義務づけられている書類であり，会社計算規則第96条において詳細な規定もなされているため。	
「純資産のうち株主資本は，資本金，資本剰余金，利益剰余金等から構成される。」とあるが，貸借対照表の様式からもあるように，株主資本以外のものがあるのか。「純資産のうち」という表現は正しくないのではないか。	様式集の【記載上の注意】にあるように，「評価・換算差額等」や「新株予約権」がある場合も考えられる。
最近は中小企業でも自己株式を取得するケースが増えています。そこで，自己株式に関する記述はもっとあってもよかった。すなわち自己株式の処理が明示されていない。処理基準を税務基準の導入も含めて明示するべきではないかと思われる。	本要領は，本要領の利用を想定する中小企業の実務において一般的に必要と考えられる会計処理について取りまとめたものである。本要領に記載のない会計処理については，総論**5**によって対応できる。

＜要領と中小指針との比較＞

要領と中小指針を比較すると，以下のような相違がある。

会計処理項目	要領及び解説	中 小 指 針
資本剰余金	会社法上，株主への分配が認められない資本準備金と，認められているその他資本剰余金に区分	左記をより詳細に記述しているが，株主への分配については記述なし
利益剰余金	会社法上，株主への分配が認められない利益準備金と，認められているその他利益剰余金に区分	左記をより詳細に記述しているが，株主への分配については記述なし
株主資本以外の項目	記述なし	評価・換算差額等，新株予約権に区分
自己株式	期末に保有する自己株式は，純資産の部の株主資本の末尾に自己株式として一括して控除する形式で記述	左記のほか，自己株式の処分・消却時等の処理についても記述がされている
株主資本等変動計算書とその注記事項	株主資本等変動計算書の記述なし。注記事項については，「14注記」において決算期末における発行済株式数や配当金額等を記載する旨の記述あり	純資産の部の一会計期間における変動額のうち，主として，株主資本の各項目の変動事由を報告するために株主資本等変動計算書を作成する。注記事項については，87項に例示あり

① **資本剰余金及び利益剰余金**

要領では，「資本金及び資本剰余金」と「利益剰余金」に区分して解説がされているのに対し，中小指針では「資本金」と「剰余金」に区分し，剰余金については払込資本を構成する資本剰余金と留保利益を表す利益剰余金に区分している。さらに資本剰余金は会社法に規定する資本準備金とその他資本剰余金，利益剰余金も会社法に規定する利益準備金とその他利益剰余金に区分して解説がされている。

資本金（中小指針67項）

資本金は，設立又は株式の発行に際して株主となる者が払込み又は給付した財産の額（払込金額）のうち，資本金として計上した額（会社法第445条）である。

剰余金（中小指針68項）

剰余金は，払込資本を構成する資本剰余金と留保利益を表す利益剰余金に区分する。

(1) 資本剰余金

資本剰余金は，資本取引から生じた剰余金であり，以下の2つに区分する。

① 資本準備金

増資による株式の払込金額のうち資本金に組み入れなかった株式払込剰余金等，会社法第445条第2項により，資本準備金として積み立てることが必要とされているもの及びその他資本剰余金から配当する場合で，利益準備金と合わせて資本金の額の4分の1に達していないときに計上しなければならないもの（会社法第445条第4項）等である。

② その他資本剰余金

資本剰余金のうち，会社法で定める資本準備金以外のものである。資本金及び資本準備金の取崩しによって生じる剰余金（資本金及び資本準備金減少差益）及び自己株式処分差益が含まれる。

(2) 利益剰余金

利益剰余金は，利益を源泉とする剰余金（すなわち利益の留保額）であり，以下の2つに区分される。

① 利益準備金

その他利益剰余金から配当する場合，資本準備金の額と合わ

せて資本金の額の4分の1に達していないときは，達していない額の利益剰余金配当割合（配当額のうちその他利益剰余金から配当する割合）か配当額の10分の1の額の利益剰余金配当割合のいずれか小さい額を計上しなければならない（会社法第445条第4項）。

利益準備金の額の減少により生じた「剰余金」は，減少の法的手続が完了したとき（会社法第448条及び第449条）に，その他利益剰余金（繰越利益剰余金）に計上する。

② その他利益剰余金

その他利益剰余金のうち，任意積立金（会社が独自の判断で積み立てるもので，特に目的を限定しない別途積立金，目的を限定した修繕積立金等，及び税法上の特例を利用するために設ける圧縮積立金や特別償却準備金等）のように，株主総会又は取締役会の決議に基づき設定される項目については，その内容を示す項目をもって区分し，それ以外については，「繰越利益剰余金」に区分する。

なお，株主資本等変動計算書において，前期末のその他利益剰余金に当期純損益や配当額などの当期の変動額を加減して当期末のその他利益剰余金が示される。

② 株主資本以外の項目

要領では，株主資本以外の項目について記述されていないのに対し，中小指針では評価・換算差額等について，資産又は負債に係る評価差額を当期の損益にしていない場合の評価差額であることを解説するとともに，要点において株主資本以外の各項目は，評価・換算差額等，新株予約権に区分するとされている。

> **評価・換算差額等(中小指針69項)**
> 　評価・換算差額等は,その他有価証券評価差額金や繰延ヘッジ損益等,資産又は負債に係る評価差額を当期の損益にしていない場合の評価差額(税効果考慮後の額)をその内容を示す項目をもって計上する。

③　自己株式

　要領及び中小指針では,期末保有の自己株式について取得原価をもって純資産の部の株主資本の末尾において控除して表示することが記述されている。

　しかし,自己株式の処分・消却時等の処理について「その他資本剰余金」,「その他利益剰余金(繰越利益剰余金)」で処理を行う旨の記述は中小指針のみである。

> **自己株式(中小指針70項)**
> (1)　取得及び保有
> 　　自己株式の取得は,実質的に資本の払戻しとしての性格を有しているため,取得原価をもって純資産の部の株主資本の末尾において控除して表示する。自己株式の取得に関する付随費用は,営業外費用として計上する。
> (2)　自己株式の処分
> 　　自己株式の処分の対価と自己株式の帳簿価額との差額が差益の場合は,「その他資本剰余金」として計上する。差損の場合は,「その他資本剰余金」から減額し,控除しきれない場合には,「その他利益剰余金(繰越利益剰余金)」から減額する。
> (3)　自己株式の消却
> 　　自己株式の消却手続が完了した時点において,消却する自己株式の帳簿価額を「その他資本剰余金」から減額し,控除しきれない場合は,「その他利益剰余金(繰越利益剰余金)」から減額する。

④ 株主資本等変動計算書

要領では，株主資本等変動計算書について，後述の「14 注記」において注記事項のみ記述されているのに対し，中小指針では計算書の意義，表示区分や表示方法，株主資本・それ以外の各項目，注記事項について記述がされている。

株主資本等変動計算書（中小指針71項）
(1) 株主資本等変動計算書
　　株主資本等変動計算書は，貸借対照表の純資産の部の一会計期間における変動額のうち，主として，株主に帰属する部分である株主資本の各項目の変動事由を報告するものである。
(2) 表示区分
　　株主資本等変動計算書の表示区分は，貸借対照表の純資産の部の表示に従う（第87項の貸借対照表及び損益計算書並びに株主資本等変動計算書の例示参照）。
(3) 表示方法
　　株主資本等変動計算書に表示される各項目の前期末残高及び当期末残高は，前期及び当期の貸借対照表の純資産の部における各項目の期末残高と整合したものでなければならない。
(4) 株主資本の各項目
　　前期末残高，当期変動額及び当期末残高に区分し，当期変動額は変動事由ごとにその金額を表示する。なお，当期純利益（又は当期純損失）は，株主資本等変動計算書において，その他利益剰余金又はその内訳項目である繰越利益剰余金の変動事由として表示する。
(5) 株主資本以外の各項目
　　前期末残高，当期変動額及び当期末残高に区分し，当期変動額は純額で表示する。ただし，当期変動額について主な変動事由ごとにその金額を表示又は注記することができる。

(6) 注記事項

株主資本等変動計算書の注記事項については，第87項の貸借対照表及び損益計算書並びに株主資本等変動計算書の例示参照。

<要領と法人税法との比較>

法人税法における「資本金等の額」及び「利益積立金額」は，会社法を規準とする要領や中小指針とはその範囲が異なる。

会計処理項目	要領及び解説	法 人 税 法
資本金及び資本剰余金 (資本金等の額)	原則として，株主から会社に払い込まれた金額をいう。	左記のほか，例えば，合併や適格現物出資により移転を受けたの純資産価額から，その合併等による増加資本金額等を控除した金額等も該当する
利益剰余金 (利益積立金額)	原則として各期の利益の累計額から株主への配当等を控除した金額をいう。	左記のほか，減価償却資産の償却超過額・引当金の繰入超過額等，法人の内部に留保された金額も含まれる

① 法人税法における「資本金等の額」

法人が株主等から出資を受けた金額として一定の金額とされているが（法法２十六，法令８①），通常の出資払込金額等以外にも，例えば，合併や適格現物出資により移転を受けたの純資産価額から，その合併等による増加資本金額等を控除した金額等も資本金等の額となる（法令８①五，九）。

② 法人税法における「利益積立金額」

法人の所得の金額で留保している金額として一定の金額とされているが（法法２十八，法令９①），株主資本等変動計算書によって留保された利益剰余金等のほか，減価償却資産の償却超過額・引当金の繰入超過額等，法人の内部に留保された金額も含まれる。

第3部　要領の総論及び各論

＜要領の留意点及び課題＞
① 資本剰余金及び利益剰余金
　金融商品取引法における会計基準の適用を受けない中小企業であっても，会社計算規則で定める計算書類（貸借対照表，損益計算書，株主資本等変動計算書，個別注記表）及び事業報告並びにこれらの附属明細書を作成することが義務づけられている（会社法435②）。

　したがって，要領及び中小指針双方とも，基本的には会社法・会社計算規則をもとに，法定準備金とその他の剰余金を区分して記述がされている。

　しかし，中小指針は会社法の根拠条文を記述した解説がなされているのに対し，要領では「株主への分配が認められない準備金と，認められている剰余金」と区分され，それぞれについて平易な記述で完結している。

② 株主資本以外の項目
　中小企業の実務上，中小指針に記述のある株主資本以外の項目は特殊なものと考えられるため，要領における表示は必要ないものと思われる。

③ 自己株式
　要領においても，中小指針で記述されている自己株式の処分・消却時等の処理についての表示が必要であると考えられる。

④ 株主資本等変動計算書
　会社法において作成することが義務づけられている書類であり，会社計算規則第96条において詳細な規定もされていることから，要領においても表示が必要であると考えられる。

14 注　記

> **要　領**
>
> (1)　会社計算規則に基づき，重要な会計方針に係る事項，株主資本等変動計算書に関する事項等を注記する。
> (2)　本要領に拠って計算書類を作成した場合には，その旨を記載する。

<要領の解説>

① 注記の必要性

　決算書は，経営者が，企業の経営成績や財政状態を把握するとともに，企業の外部の利害関係者に経営成績や財政状態を伝える目的で作成するが，貸借対照表や損益計算書の情報を補足するために，一定の注記を記載する必要がある。

② 重要な会計方針に係る事項，株主資本等変動計算書に関する事項等の注記

　(1)に挙げられている重要な会計方針に係る事項は，有価証券や棚卸資産の評価基準及び評価方法，固定資産の減価償却の方法，引当金の計上基準等を記載する。

　株主資本等変動計算書に関する注記は，決算期末における発行済株式数や配当金額等を記載する。

　(1)で挙げられた項目以外として，会計方針の変更又は表示方法の変更もしくは誤謬の訂正を行ったときには，その変更内容等を記載する。

　また，本要領では貸借対照表に関する注記として，「受取手形割引額及び受取手形裏書譲渡額」を注記することとしている。「未経過リース料」についても注記することが望まれる。

その他貸借対照表，損益計算書及び株主資本等変動計算書により会社の財産又は損益の状態を正確に判断するために必要な事項を注記する。例えば，担保資産に関する注記が考えられる。

③　**本要領に拠って計算書類を作成した場合の注記**

　その企業がどのような会計ルールを適用しているかという情報は，利害関係者にとってその企業の経営成績や財政状態を判断する上で重要な情報であり，(2)にあるように本要領に拠って計算書類を作成した場合には，その旨を記載することが考えられる。この記載は，利害関係者に対して，決算書の信頼性を高める効果も期待される。

2 各 論

個別注記表

個別注記表
自 平成〇〇年〇月〇日 至 平成〇〇年〇月〇日

1. この計算書類は、「中小企業の会計に関する基本要領」によって作成しています。

2. 重要な会計方針に係る事項に関する注記
    (1) 資産の評価基準及び評価方法
        ① 有価証券の評価基準及び評価方法
            総平均法による原価法を採用しています。
        ② 棚卸資産の評価基準及び評価方法
            総平均法による原価法を採用しています。
    (2) 固定資産の減価償却の方法
        ① 有形固定資産
            定率法(ただし、平成10年4月1日以降に取得した建物(附属設備を除く)は定額法)を採用しています。
        ② 無形固定資産
            定額法を採用しています。
    (3) 引当金の計上基準
        ① 貸倒引当金   債権の貸倒れによる損失に備えるため、一般債権について法人税法の規定に基づく法定繰入率により計上しています。
        ② 賞与引当金   従業員の賞与支給に備えるため、支給見込額の当期負担分を計上しています。
        ③ 退職給付引当金 従業員の退職給付に備えるため、決算日において、従業員全員が自己都合によって退職した場合に必要となる退職金の総額の〇%を計上しています。
    (4) その他計算書類作成のための基本となる重要な事項
        ① リース取引の処理方法
            リース取引については、賃貸借取引に係る方法により、支払リース料を費用処理しています。
            なお、未経過リース料総額は、〇〇〇円(又は千円)であります。
        ② 消費税等の会計処理
            消費税等の会計処理は、税抜方式(又は税込方式)によっています。

3. 貸借対照表に関する注記
    (1) 有形固定資産の減価償却累計額   〇〇〇円(又は千円)
    (2) 受取手形割引額   〇〇〇円(又は千円)
    (3) 受取手形裏書譲渡額   〇〇〇円(又は千円)
    (4) 担保に供している資産及び対応する債務   建物   〇〇〇円(又は千円)
                                土地   〇〇〇円(又は千円)
                                長期借入金 〇〇〇円(又は千円)

4. 株主資本等変動計算書に関する注記
    (1) 当事業年度の末日における発行済株式の数   〇〇〇株
    (2) 当事業年度の末日における自己株式の数   〇〇〇株
    (3) 当事業年度中に行った剰余金の配当に関する事項
        平成〇〇年〇月〇日の定時株主総会において、次の通り決議されました。
            配当金の総額   〇〇〇円(又は千円)
            配当の原資   利益剰余金
            一株当たりの配当額   〇円
            基準日   平成〇〇年〇月〇日
            効力発生日   平成〇〇年〇月〇日
    (4) 当事業年度の末日後に行う剰余金の配当に関する事項
        平成〇〇年〇月〇日開催予定の定時株主総会において、次の通り決議を予定しています。
            配当金の総額   〇〇〇円(又は千円)
            配当の原資   利益剰余金
            一株当たりの配当額   〇円
            基準日   平成〇〇年〇月〇日
            効力発生日   平成〇〇年〇月〇日

第3部　要領の総論及び各論

＜パブコメ及び対応＞

要領は，成23年11月8日に要領（案）を公表し広くコメント募集を行ったが，提出されたコメントとそれに対する回答概要のうち，「各論❶❹注記」に係る主なコメント及び「中小企業の会計に関する検討会」の対応は以下のとおりである。

コメント	対応
「本要領に拠って計算書類を作成した場合には，その旨を記載する。」 「Ⅰ総論」から始まって，「Ⅱ各論　❶❹注記」まで多岐にわたって会計処理の要領が示されているが，本要領に拠って計算書類を作成した旨の記載は，要領に記載されているすべての会計処理を適用したときにはじめて記載することができると解するのか？	基本的には，本要領に記載されているすべての会計処理を適用した場合を想定している。
会計方針等の変更を行った場合には，「Ⅱ各論　❶❹注記」において，「(1)に挙げられた項目以外として，会計方針の変更又は表示方法の変更もしくは誤謬の訂正を行ったときには，その変更内容等を記載します。」とされており，企業会計基準第24号「会計上の変更及び誤謬の訂正に関する会計基準」（平成21年12月4日企業会計基準委員会）に従い遡及適用等をする必要があるかが明示されていない。会計方針の変更等を行った場合に遡及適用等をしないことも認められるのであれば，その旨を明記したほうがよいのではないか。	本要領は，本要領の利用を想定する中小企業の実務において一般的に必要と考えられる会計処理について取りまとめたものである。本要領に記載のない会計処理については，総論❺によって対応できる。
「14注記」の解説2段目に「消費税等の会計処理」を入れたほうがいいと思われる。この段落は，どの中小企業も必ずする注記が書かれているので入れたほうがいいので	

はと考える。株式例の注記には記載されているが，解説にも入れておく方がよい。	
会社計算規則に基づき，会計方針の変更又は表示方法の変更もしくは誤謬の訂正を行ったときには，その変更内容等を記載する旨の解説があるが，「Ⅲ様式集」に記載例が無い。	本要領は，中小企業の経営者に理解しやすく，本要領の利用を想定する中小企業に必要な事項を簡潔に記載したものである。

＜要領と中小指針との比較＞

要領と中小指針（公開会社を除く会計監査人設置会社以外の株式会社）の個別注記表の記載例を比較すると，以下のような相違がある。

注記項目	要領及び解説	中小指針
重要な会計方針に係る事項等の注記	会社計算規則に基づく有価証券や棚卸資産の評価基準及び評価方法，固定資産の減価償却の方法，引当金の計上基準，その他計算書類の作成のための基本となる重要な事項を記述	左記のほか，会計方針の変更等についても記述がある
株主資本等変動計算書に関する注記	会社計算規則に基づく決算期末における発行済株式数・自己株式数，配当金額等を記述	表示なし
貸借対照表に関する注記	有形固定資産の減価償却累計額，受取手形割引額及び受取手形裏書譲渡額，担保資産に関する注記を記述	有形固定資産の減価償却累計額のみ
損益計算書に関する注記	表示なし	表示なし
その他	表示なし	重要な後発事象に関する注記の記述がある

会計ルールの注記	「要領」によって作成	「中小指針」によって作成

① **重要な会計方針に係る事項等の注記**

　要領及び中小指針ともに，重要な会計方針に係る事項は会社計算規則に基づいて注記を記載することとしている。

　要領では，会計方針の変更（会社計算規則102の2）又は表示方法の変更（会社計算規則102の3）もしくは誤謬の訂正（会社計算規則102の5）を行ったときには，その変更内容等を記載する旨の記述があるが，後述の「Ⅲ．様式集」には表示がなされていない。

　一方，中小指針では誤謬の訂正の表示はないが，会計方針の変更については「個別注記表の例示」において記載例を示している。

② **株主資本等変動計算書に関する注記**

　要領及び中小指針ともに，株主資本等変動計算書について，会社計算規則に基づき注記を記載することとしている。

　要領では決算期末における発行済株式数・自己株式数，配当金額等を記載する旨の解説がなされており，また「Ⅲ様式集」において記載例を示している。

　一方，中小指針では，要領には表示のない「個別注記表の規定」において新株予約権の目的となる当該会社の株式の数の注記まで記述がなされているが，「個別注記表の例示」では株主資本等変動計算書に関する注記の表示がなされていない。

③ **貸借対照表に関する事項の注記**

　公開会社を除く会計監査人設置会社以外の株式会社は，会社計算規則では貸借対照表に関する注記は要しないと規定されている（会社計算規則98②）。

　しかし，要領においては，受取手形割引額及び受取手形裏書譲渡額を注記することとし，また，未経過リース料についても注記することが望まれると記述がなされている。

　更に，会社の財産の状態を正確に判断するために必要な事項を注記するため，

たとえば，担保資産に関する注記が考えられるとし，「Ⅲ様式集」では，有形固定資産の減価償却累計額，受取手形割引額及び受取手形裏書譲渡額，担保資産に関する注記が表示されている。

一方，中小指針では，「個別注記表の例示」において有形固定資産の減価償却累計額が表示されているのみである。

④ 損益計算書に関する注記

要領では，会社の損益の状態を正確に判断するために必要な事項を注記すると解説されているが，「Ⅲ様式集」に表示はない。中小指針も表示されていない。

⑤ その他

重要な後発事象に関する注記は，会社計算規則では要求されていないが（会社計算規則98②），中小指針では「個別注記表の例示」で記述がなされている。

また，中小指針では，会社計算規則では省略することが認められている事項ではあるが（会社計算規則98①），役員の個人的な信用が重視される中小企業の特性を考慮して，役員と会社間との取引についても注記事項として開示することが望ましいとしている（中小指針84項）。

⑥ 会計ルールの注記

要領では，その企業がどのような会計ルールを適用しているかという情報は，利害関係者にとってその企業の経営成績や財政状態を判断する上で重要な情報であり，本要領に拠って計算書類を作成した場合には，その旨を記載することが考えられるとし，「Ⅲ様式集」に表示がなされている。

一方，中小指針においても，本指針によって計算書類を作成した場合にはその旨を注記する必要があるとし（中小指針83項），「個別注記表の例示」において記述がなされている。

＜要領の留意点及び課題＞

公開会社を除く会計監査人設置会社以外の株式会社は，会社計算規則において注記を要しない項目を規定しているが（会社計算規則98②），その中には，

会計方針の変更に関する注記（会社計算規則102の2），表示方法の変更に関する注記（会社計算規則102の3），誤謬の訂正に関する注記（会社計算規則102の5）は含まれていない。したがって，要領では会計方針の変更又は表示方法の変更もしくは誤謬の訂正を行ったときには，その変更内容等を記載することとしている。

ところが，「Ⅲ様式集」では記載例が表示されておらず，一方，中小指針では会計方針の変更について「個別注記表の例示」において記載例を示している。

中小企業の実務上，表示方法の変更や誤謬の訂正を行う事例は多くないと思われるが，有価証券や棚卸資産の評価基準や評価方法の変更，固定資産の減価償却の方法の変更を行うことはあり得るであろう。その場合の注記の記載は，中小指針の「個別注記表の例示」に基づき行うことになる。

15 様 式 集

＜パブコメ及び対応＞

要領は，平成23年11月8日に要領（案）を公表し広くコメント募集を行ったが，提出されたコメントとそれに対する回答概要のうち，「Ⅲ　様式集」に係る主なコメント及び「中小企業の会計に関する検討会」の対応は以下のとおりである。

コメント	対応
株主資本等変動計算書について， ・例として具体的な数字をいれていただくと計算の流れが分かりやすい。 ・解説をつけてほしい（純資産の解説と重複する場合は，その解説場所に明示していただくと分かりやすい。）。	本要領は，中小企業の経営者に理解しやすく，本要領の利用を想定する中小企業に必要な事項を簡潔に記載したものである。
「損益計算書」及び「製造原価明細書」の従業員退職金の科目名は，「退職給付費用」にすべきと考える。	
「販売費及び一般管理費の明細」に「役員報酬」と「役員賞与」が区分表示されていますが，「役員報酬」の科目で一括表示すべきと考える。	
貸借対照表，製造原価明細書，販売費及び一般管理費の明細において，「その他」の名称の科目が全部で8カ所表示されているが，当該科目を例示列挙から削除し，より具体的な表示科目にすべきと考える。	
損益計算書については，様式集の「製造原価明細書」「販売費および一般管理費の明細（書）」を参照する旨を記述する必要がある。	
基本要領においてはＣＦＳに関する規定を設けるべきであると考える。	本要領は，本要領の利用を想定する中小企業の実務におい
製造原価計算書は附属明細書の1つではないものの	

記載様式を示していることから，あえて様式集に記載している趣旨の説明を加えることが適当ではないか。	て一般的に必要と考えられる会計処理について取りまとめたものである。
「販売費及び一般管理費の明細」は附属明細書の1つでありますが，他の附属明細書と異なり記載様式を示していることから，あえて様式集に記載している趣旨の説明を加えることが適当ではないか。	
「販売費及び一般管理費の明細」に列挙されている「荷造費」「運搬費」「見本費」「保管費」は削除すべきと考える。	ご指摘の勘定科目は一般的な販売費及び一般管理費と考えられる。
「販売費及び一般管理費の明細」に「貸倒償却」の科目を追加すべきと考える。また，「製造原価報告書」及び「販売費及び一般管理費の明細」に「雑費」の科目を追加すべきと考える。	様式に「その他」の項目を設けている。
「個別注記表」の「引当金の計上基準」の「貸倒引当金」の例示では，一括評価金銭債権を想定した記述となっている。例えば，「個別に債権の回収可能性を検討し，必要額を計上している」のように個別評価金銭債権を踏まえた記述を追加すべきと考える。	本要領は，本要領の利用を想定する中小企業の実務において一般的に必要と考えられる会計処理について取りまとめたものである。本要領に記載のない会計処理については，総論**5**によって対応できる。
貸借対照表に，リース資産，リース債務の項目を入れるべきである。	
貸借対照表について，①〜⑧は「本要領の目次の様式対象勘定科目である」旨を記述する必要がある。	ご意見を踏まえ，修正した。
個別注記表における賞与引当金の「支給見込額の当期負担分」は「支給見込額のうち当期負担分」とした方が自然ではないか。	原案の記載のままとする。

＜要領と中小指針との比較＞

　要領は中小指針で掲げられていない,「製造原価明細書」・「販売費及び一般管理費の明細」も様式が掲げられていることが異なり,コメントはその「製造原価明細書」・「販売費及び一般管理費の明細」に関する意見が多いが,修正項目は若干であり,ほぼ原案どおりになった。

> 資料

中小企業の会計に関する検討会報告書
（中間報告）

平成24年2月
中小企業の会計に関する検討会

【中小企業の会計に関する基本要領策定の経緯】

1．はじめに

　会計制度の国際化が進展する中で，平成22年2月に中小企業庁において「中小企業の会計に関する研究会」（以下「研究会」という。），同年3月に企業会計基準委員会等の民間団体により「非上場会社の会計基準に関する懇談会」（以下「懇談会」という。）が設置され，それぞれ，非上場企業，特にその大部分を占める中小企業の会計に関する検討が行われた。

　同年8月に懇談会，9月に研究会の報告書がとりまとめられ，それぞれ，新たな会計指針・新たに中小企業の会計処理のあり方を示すものを取りまとめるべき等の方向性が示された。また，その策定主体について，中小企業関係者等が中心となって取りまとめ，関係省庁が事務局を務めるべきである等の提言がされた。

　懇談会及び研究会の報告書で示された基本的な考え方は次のとおり。

> 【懇談会報告書（抜粋）】
> ○ 中小企業に適用される会計基準，指針については，中小企業の特性を踏まえ，中小企業の活性化（略）に資する観点からとりまとめることが肝要（略）であり，経営者にとって理解し易く，作成事務が最小限で対応可能であり，簡素で安定的なものであることを指向する必要があると考えられる。
> ○ 非上場会社（略）の実態を踏まえると，非上場会社，とりわけ中小企業に適用される会計基準又は指針は国際基準の影響を受けず，安定的なものにすべきである。
> 　ただし，非上場会社の中には，グローバルな活動を行っている会社や上場を計画している会社もあり，そのような会社が，会計基準の国際化を考慮に入れた対応を行うことを妨げるものではない。
> ○ 現行の確定決算主義を前提としたうえで，中小企業の実態を踏まえて法人税法の取扱いに配慮しつつ，適切な利益計算の観点から会計基準のあり方の検討を行

うことが適当である。
○ 基本的なスタンスとしては（略），中小企業の活性化，ひいては日本経済の成長に資するという観点から，作成を行うこととする。また，適用される会計指針については，国際基準の影響を受けず安定的なものとする。
○ 一定の区分に該当する会社群に適用する会計指針は，以下の内容とする。
 ・ 中小企業の実態に即し，中小企業の経営者に容易に理解されるものとする。
 ・ 国際基準の影響を受けないものとする。
 ・ 法人税法に従った処理に配慮するとともに，会社法第431条に定める一般に公正妥当と認められる企業会計の慣行に該当するよう留意する。

【研究会報告書（抜粋）】
○ 中小企業の成長に資するものであるべきという視点を議論の出発点とすることが重要である。
○ 中小企業の会計処理のあり方は，一般に公正妥当と認められる企業会計の慣行であって，次のようなものが望ましいと考えられる。
 ① 経営者が理解でき，自社の経営状況を適切に把握できる，「経営者に役立つ会計」
 ② 金融機関や取引先等の信用を獲得するために必要かつ十分な情報を提供する，「利害関係者と繋がる会計」
 ③ 実務における会計慣行を最大限考慮し，税務との親和性を保つことのできる，「実務に配慮した会計」
 ④ 中小企業に過重な負担を課さない，中小企業の身の丈に合った，「実行可能な会計」
○ 取りまとめにあたって基本方針とすべき事項は，以下のとおりである。
 ① 中小企業が会計実務の中で慣習として行っている会計処理（法人税法・企業会計原則に基づくものを含む。）のうち，会社法の「一般に公正妥当と認められる企業会計の慣行」と言えるものを整理する。
 ② 企業の実態に応じた会計処理を選択できる幅のあるもの（企業会計基準や中小指針の適用も当然に認められるもの）とする。
 ③ 中小企業の経営者が理解できるよう，できる限り専門用語や難解な書きぶりを避け，簡潔かつ平易で分かりやすく書かれたものとする。
 ④ 記帳についても，重要な構成要素として取り入れたものとする。

2．検討経緯

　研究会及び懇談会の報告書を受け，平成23年2月に「中小企業の会計に関する検討会」（以下「検討会」という。）が設置され，さらに検討会の議論を支えるものとしてワーキンググループが設置された。検討会及びワーキンググループは，中小企業関係者，金融関係者，会計専門家，学識経験者で構成され，さらに金融庁，中小企業庁が事務局として，法務省がオブザーバーとして参加している（委員等の名簿は【別紙】参照）。

　ワーキンググループは平成23年2月から同年10月まで9回開催され，中小企業の実態に即した新たな中小企業の会計処理のあり方を検討した。その検討結果は10月28日に開催された検討会において報告され，同日検討会において「中小企業の会計に関する基本要領（案）」がとりまとめられ，広く意見を募るためパブリックコメントの手続に付すこととなった（意見募集期間11月8日から12月7日）。

　パブリックコメントにおいては，36の法人及び個人から合計152件の意見が提出された。これらの意見を受けて平成23年12月26日第10回ワーキンググループを開催しさらに検討を重ね，ワーキンググループでの検討結果を受け，平成24年1月27日の第3回検討会において，「中小企業の会計に関する基本要領」（以下「中小会計要領」という。）がとりまとめられた。

3．今後の検討について

　今回，中小会計要領が策定されたことから，今後はこの中小会計要領の普及・活用をいかに進めていくかが喫緊の課題である。既に第2回検討会（平成23年10月28日）において，ワーキンググループで引き続き普及・活用策について検討を行うことを決定しているところであり，その結果をとりまとめたものも含めた形で，本検討会の最終報告とする予定である。

　中小企業政策に取り組むに当たっての基本原則等を示すものとして，平成22年6月18日に閣議決定された「中小企業憲章」においても，「中小企業の実態

に則した会計制度を整え,経営状況の明確化,経営者自身による事業の説明能力の向上,資金調達力の強化を促す。」と言及されており,今回の中小会計要領の策定と普及・活用は,この中小企業憲章の趣旨にも合致したものである。

中小会計要領が定着することにより,多くの中小企業が適時,適切な記帳を基礎として会社法上の計算書類等を作成し,これによって得られた財務情報等を活用して,自社の経営状況を把握し,さらに金融機関等の利害関係者に適切に情報提供すること等により,それらの中小企業が成長していくことが期待される。そのためには中小企業関係者等による長期的な取組が重要である。

【別紙】

中小企業の会計に関する検討会　委員等名簿

平成24年2月

（50音順，敬称略）

委　員

岩崎　博之	全国商店街振興組合連合会	専務理事
大橋　正義	中小企業家同友会全国協議会	政策委員長
小此木良之	全国信用金庫協会	常務理事
黒木　宏近	全国信用組合中央協会	常務理事
（座長代理）品川　芳宣	早稲田大学大学院　会計研究科	教授
髙木　伸	全国銀行協会	理事
寺田　範雄	全国商工会連合会	専務理事
西川　郁生	企業会計基準委員会	委員長
眞鍋　隆	全国中小企業団体中央会	専務理事
（座長）万代　勝信	一橋大学大学院　商学研究科	教授
宮城　勉	日本商工会議所	常務理事

計11名

事務局

　　中小企業庁　事業環境部財務課

　　金融庁　総務企画局企業開示課

オブザーバー

　　法務省　民事局参事官室

中小企業の会計に関する検討会　ワーキンググループ　委員等名簿

平成24年2月
（50音順，敬称略）

委員

青山　伸悦　　日本商工会議所　理事　産業政策第一部長
上西左大信　　日本税理士会連合会　常務理事　調査研究部長
瓜田　　靖　　中小企業家同友会全国協議会　政策局長
及川　　勝　　全国中小企業団体中央会　政策推進部長
大杉　謙一　　中央大学法科大学院　教授
苧野　恭成　　全国商工会連合会　企業支援部長
河﨑　照行　　甲南大学　会計大学院　院長
木村　拙二　　愛知産業株式会社　監査役
桑原　龍司　　光陽産業株式会社　監査役
坂本　孝司　　税理士法人坂本＆パートナー　理事長　税理士
　　　　　　　米国公認会計士
櫻庭　周平　　櫻庭公認会計士事務所　公認会計士　税理士
澤田　眞史　　日本公認会計士協会　理事
品川　芳宣　　早稲田大学大学院　会計研究科　教授
高野　和彦　　商工組合中央金庫　経営企画部　主計室長
野竹　弘幸　　大東京信用組合　常勤理事　財務部長
浜野　光淑　　全国商店街振興組合連合会　総務課長
都　　正二　　企業会計基準委員会　委員
（座長）弥永　真生　　筑波大学　ビジネス科学研究科　教授
吉田　雅之　　城北信用金庫　審査部　副部長
吉原　哲也　　三菱東京ＵＦＪ銀行　融資部　次長

以上20名

事務局
　中小企業庁　事業環境部財務課
　金融庁　総務企画局企業開示課

オブザーバー
　法務省　民事局参事官室

テクニカル・アドバイザー
　小賀坂　敦　企業会計基準委員会　主席研究員

「中小企業の会計に関する基本要領」

平成 24 年 2 月 1 日
中小企業の会計に関する検討会

I. 総　　論

1. 目　　的

(1) 「中小企業の会計に関する基本要領」（以下「本要領」という。）は，中小企業の多様な実態に配慮し，その成長に資するため，中小企業が会社法上の計算書類等を作成する際に，参照するための会計処理や注記等を示すものである。

(2) 本要領は，計算書類等の開示先や経理体制等の観点から，「一定の水準を保ったもの」とされている「中小企業の会計に関する指針」[1]（以下「中小指針」という。）と比べて簡便な会計処理をすることが適当と考えられる中小企業を対象に，その実態に即した会計処理のあり方を取りまとめるべきとの意見を踏まえ，以下の考えに立って作成されたものである。

- 中小企業の経営者が活用しようと思えるよう，理解しやすく，自社の経営状況の把握に役立つ会計
- 中小企業の利害関係者（金融機関，取引先，株主等）への情報提供に資する会計
- 中小企業の実務における会計慣行を十分考慮し，会計と税制の調和を図った上で，会社計算規則に準拠した会計
- 計算書類等の作成負担は最小限に留め，中小企業に過重な負担を課さない会計

---

[1] 平成17年8月，日本公認会計士協会，日本税理士会連合会，日本商工会議所及び企業会計基準委員会の4団体により策定された中小企業の会計処理等に関する指針。

2．本要領の利用が想定される会社[2]

(1) 本要領の利用は，以下を除く株式会社が想定される。
- 金融商品取引法の規制の適用対象会社
- 会社法上の会計監査人設置会社

　（注）　中小指針では，「とりわけ，会計参与設置会社が計算書類を作成する際には，本指針に拠ることが適当である。」とされている。

(2) 特例有限会社，合名会社，合資会社又は合同会社についても，本要領を利用することができる。

3．企業会計基準，中小指針の利用

本要領の利用が想定される会社において，金融商品取引法における一般に公正妥当と認められる企業会計の基準（以下「企業会計基準」という。）や中小指針に基づいて計算書類等を作成することを妨げない。

4．複数ある会計処理方法の取扱い

(1) 本要領により複数の会計処理の方法が認められている場合には，企業の実態等に応じて，適切な会計処理の方法を選択して適用する。
(2) 会計処理の方法は，毎期継続して同じ方法を適用する必要があり，これを変更するに当たっては，合理的な理由を必要とし，変更した旨，その理由及び影響の内容を注記する。

5．各論で示していない会計処理等の取扱い

本要領で示していない会計処理の方法が必要になった場合には，企業の実態等に応じて，企業会計基準，中小指針，法人税法で定める処理のうち会計上適当と認められる処理，その他一般に公正妥当と認められる企業会計の慣行の中から選択して適用する。

---

[2] 本要領は法令等によってその利用が強制されるものではないことから，「利用が想定される会社」という表現としている。

6．国際会計基準との関係
本要領は，安定的に継続利用可能なものとする観点から，国際会計基準の影響を受けないものとする。

7．本要領の改訂
本要領は，中小企業の会計慣行の状況等を勘案し，必要と判断される場合に，改訂を行う。

8．記帳の重要性
本要領の利用にあたっては，適切な記帳が前提とされている。経営者が自社の経営状況を適切に把握するために記帳が重要である。記帳は，すべての取引につき，正規の簿記の原則に従って行い，適時に，整然かつ明瞭に，正確かつ網羅的に会計帳簿を作成しなければならない。

9．本要領の利用上の留意事項
本要領の利用にあたっては，上記1．～8．とともに以下の考え方にも留意する必要がある。
① 企業会計は，企業の財政状態及び経営成績に関して，真実な報告を提供するものでなければならない。（真実性の原則）
② 資本取引と損益取引は明瞭に区別しなければならない。（資本取引と損益取引の区分の原則）
③ 企業会計は，財務諸表によって，利害関係者に対し必要な会計事実を明瞭に表示し，企業の状況に関する判断を誤らせないようにしなければならない。（明瞭性の原則）
④ 企業の財政に不利な影響を及ぼす可能性がある場合には，これに備えて適当に健全な会計処理をしなければならない。（保守主義の原則）
⑤ 株主総会提出のため，信用目的のため，租税目的のため等種々の目的のために異なる形式の財務諸表を作成する必要がある場合，それらの内容は，

資料／中小企業の会計に関する検討会報告書（中間報告）

信頼しうる会計記録に基づいて作成されたものであって，政策の考慮のために事実の真実な表示をゆがめてはならない。（単一性の原則）
⑥　企業会計の目的は，企業の財務内容を明らかにし，企業の経営状況に関する利害関係者の判断を誤らせないようにすることにある。このため，重要性の乏しいものについては，本来の会計処理によらないで，他の簡便な方法により処理することも認められる。（重要性の原則）

II. 各　論

> 1．収益，費用の基本的な会計処理
> (1) 収益は，原則として，製品，商品の販売又はサービスの提供を行い，かつ，これに対する現金及び預金，売掛金，受取手形等を取得した時に計上する。
> (2) 費用は，原則として，費用の発生原因となる取引が発生した時又はサービスの提供を受けた時に計上する。
> (3) 収益とこれに関連する費用は，両者を対応させて期間損益を計算する。
> (4) 収益及び費用は，原則として，総額で計上し，収益の項目と費用の項目とを直接に相殺することによってその全部又は一部を損益計算書から除去してはならない。

【解　説】

　企業の利益は，一定の会計期間における収益から費用を差し引いたものであり，収益と費用をどのように計上するかが重要となります。
　ここで，収益と費用は，現金及び預金の受取り又は支払いに基づき計上するのではなく，その発生した期間に正しく割り当てられるように処理することが必要となります。
　収益のうち，企業の主たる営業活動の成果を表す売上高は，(1)にあるように，製品，商品の販売又はサービスの提供を行い，かつ，これに対する対価（現金及び預金，売掛金，受取手形等）を受け取った時（売掛金の場合には，発生し

237

た時)に認識するのが原則的な考え方です(一般に「実現主義」といいます。)。

　実務上，製品や商品の販売の場合には，売上高は，製品や商品を出荷した時に計上する方法が多く見られますが，各々の企業の取引の実態に応じて，決定することとなります。

　一方，費用については，(2)にあるように，現金及び預金の支払いではなく，費用の発生原因となる取引が発生した時又はサービスの提供を受けた時に認識するのが原則的な考え方です(一般に「発生主義」といいます。)。

　ここで，適正な利益を計算するために，費用の計上は，(3)にあるように，一定の会計期間において計上した収益と対応させる考え方も必要となります。例えば，販売した製品や商品の売上原価は，売上高に対応させて費用として計上することが必要になります。

　なお，(4)にあるように，収益と費用は原則として総額で計上する必要があります。例えば，賃借している建物を転貸する場合は，受取家賃と支払家賃の双方を計上することとなります。

【解　説】

> **2．資産，負債の基本的な会計処理**
> (1)　**資産は，原則として，取得価額で計上する。**
> (2)　**負債のうち，債務は，原則として，債務額で計上する。**

　資産には，金銭債権，有価証券，棚卸資産，固定資産等が含まれますが，これらは原則として，(1)にあるように，取得価額，すなわち，資産を取得するために要した金額を基礎として，貸借対照表に計上します(一般に「取得原価主義」といいます。)。したがって，取得した後の時価の変動は，原則として，会計帳簿に反映されません。

　なお，「取得価額」とは資産の取得又は製造のために要した金額のことをいい，例えば，購入品であれば，購入金額に付随費用を加えた金額をいいます。また，「取得原価」は取得価額を基礎として，適切に費用配分した後の金額の

ことをいい，例えば，棚卸資産であれば，総平均法等により費用配分した後の金額をいいます。

一方，負債には，金銭債務や引当金等が含まれますが，このうち債務については，(2)にあるように，債務を弁済するために将来支払うべき金額，すなわち債務額で貸借対照表に計上します。

【解　説】

> 3．金銭債権及び金銭債務
> (1) 金銭債権は，原則として，取得価額で計上する。
> (2) 金銭債務は，原則として，債務額で計上する。
> (3) 受取手形割引額及び受取手形裏書譲渡額は，貸借対照表の注記とする。

受取手形，売掛金，貸付金等の金銭債権は，(1)にあるように，原則として，取得価額で計上します。

なお，社債を額面金額未満で購入する場合には，決算において，額面金額と取得価額との差額を購入から償還までの期間で按分して受取利息として計上するとともに，貸借対照表の金額を増額させることができます。

また，支払手形，買掛金，借入金等の金銭債務は，(2)にあるように，原則として，債務額で計上します。

ただし，社債を額面金額未満で発行する場合，額面金額（債務額）と発行額が異なることとなります。この場合は，発行時に発行額で貸借対照表の負債に計上し，決算において，額面金額と発行額との差額を発行から償還までの期間で按分して支払利息として計上するとともに，貸借対照表の金額を増額させることができます。

なお，取得価額で計上した受取手形を取引金融機関等で割り引いたり，裏書きをして取引先に譲渡した場合は，この受取手形は貸借対照表に計上されなくなりますが，経営者や金融機関が企業の資金繰り状況を見る上で，受取手形の割引額や裏書譲渡額の情報は重要であるため，受取手形割引額及び受取手形裏

書譲渡額は注記することとなります。

【解　説】

> 4．貸倒損失，貸倒引当金
> (1)　倒産手続き等により債権が法的に消滅したときは，その金額を貸倒損失として計上する。
> (2)　債務者の資産状況，支払能力等からみて回収不能な債権については，その回収不能額を貸倒損失として計上する。
> (3)　債務者の資産状況，支払能力等からみて回収不能のおそれのある債権については，その回収不能見込額を貸倒引当金として計上する。

受取手形，売掛金，貸付金等の金銭債権については，決算時に，以下のように貸倒れの可能性について検討する必要があります。
○　破産など，倒産手続き等により債権が法的に消滅した場合
　(1)にあるように，顧客や貸付先の倒産手続き等によって，又は債務の免除によって，債権が法的に消滅したときには，その消滅した金額を債権の計上額から直接減額するとともに，貸倒損失として費用に計上する必要があります。
○　債務者の資産状況，支払能力等からみて債権が回収不能と見込まれる場合
　法的に債権が消滅していないものの，(2)にあるように，その債務者の資産状況や支払能力等からみて，回収不能と見込まれる債権は，その金額を債権の計上額から直接減額するとともに，貸倒損失として費用に計上する必要があります。これには，債務者が相当期間債務超過の状態にあり，弁済することができないことが明らかである場合等が考えられます。
○　債務者の資産状況，支払能力等からみて債権が回収不能のおそれがある場合
　未だ回収不能な状況とはなっていないものの，債務者の資産状況や支払能力等からみて，回収不能のおそれがある債権については，(3)にあるように，

回収不能と見込まれる金額で貸倒引当金を計上し，貸倒引当金繰入額を費用として計上します。

なお，決算期末における貸倒引当金の計算方法としては，債権全体に対して法人税法上の中小法人に認められている法定繰入率で算定することが実務上考えられます。また，過去の貸倒実績率で引当金額を見積る方法等も考えられます。

5．有価証券

(1) 有価証券は，原則として，取得原価で計上する。
(2) 売買目的の有価証券を保有する場合は，時価で計上する。
(3) 有価証券の評価方法は，総平均法，移動平均法等による。
(4) 時価が取得原価よりも著しく下落したときは，回復の見込みがあると判断した場合を除き，評価損を計上する。

【解　説】

有価証券は，(3)にあるように，総平均法，移動平均法等により，期末の金額（取得原価）を計算します。

(1)にあるように，期末の有価証券は，原則として，取得原価で計上します。

ただし，(2)にあるとおり，短期間の価格変動により利益を得る目的で相当程度の反復的な購入と売却が行われる，法人税法の規定にある売買目的有価証券は，時価で計上します（上場株式であることが想定されます。）。

取得原価で評価した有価証券については，時価が取得原価よりも著しく下落したときは，回復の見込みがあるかないかを判断します。ここで，(4)にあるように，回復の見込みがあると判断した場合を除き，評価損を計上することが必要となります。

著しく下落したときとは，個々の銘柄の有価証券の時価が取得原価に比べて50％程度以上下落した場合には，該当するものと考えられます。有価証券の時価は，上場株式のように市場価格があるものについては容易に把握できますが，

非上場株式については，一般的には把握することが難しいものと考えられます。

　時価の把握が難しい場合には，時価が取得原価よりも著しく下落しているかどうかの判断が困難になると考えられますが，例えば，大幅な債務超過等でほとんど価値がないと判断できるものについては，評価損の計上が必要と考えられます。

6．棚卸資産

(1) 棚卸資産は，原則として，取得原価で計上する。
(2) 棚卸資産の評価基準は，原価法又は低価法による。
(3) 棚卸資産の評価方法は，個別法，先入先出法，総平均法，移動平均法，最終仕入原価法，売価還元法等による。
(4) 時価が取得原価よりも著しく下落したときは，回復の見込みがあると判断した場合を除き，評価損を計上する。

【解　説】

　商品，製品，半製品，仕掛品，原材料等の棚卸資産は，購入金額に付随費用を加えた購入時の金額（取得価額）に基づき，また，製造業の場合は，製品製造のために使用した材料費，労務費及び製造経費を積算し，取得原価を計算します。また，(3)にあるように，個別法，先入先出法，総平均法，移動平均法，最終仕入原価法，売価還元法等により期末の金額（取得原価）を計算します。

　(1)にあるように，棚卸資産は，原則として，取得原価で計上します。(2)では，棚卸資産の評価基準は，原価法又は低価法によるとされていますが，原価法とは，取得原価により期末棚卸資産を評価する方法で，低価法とは，期末における時価が取得原価よりも下落した場合に，時価によって評価する方法です。

　原価法により評価した場合であっても，時価が取得原価よりも著しく下落したときは，回復の見込みがあるかないかを判断します。ここで，(4)にあるように，回復の見込みがあると判断した場合を除き，評価損を計上することが必要となります。

棚卸資産の時価は，商品，製品等については，個々の商品等ごとの売価か最近の仕入金額により把握することが考えられます。

時価を把握することが難しい場合には，時価が取得原価よりも著しく下落しているかどうかの判断が困難になると考えられますが，例えば，棚卸資産が著しく陳腐化したときや，災害により著しく損傷したとき，あるいは，賞味期限切れや雨ざらし等でほとんど価値がないと判断できるものについては，評価損の計上が必要と考えられます。

【解　説】

> 7．経過勘定
> (1) 前払費用及び前受収益は，当期の損益計算に含めない。
> (2) 未払費用及び未収収益は，当期の損益計算に反映する。

経過勘定は，サービスの提供の期間とそれに対する代金の授受の時点が異なる場合に，その差異を処理する勘定科目です。損益計算書に計上される費用と収益は，現金の受払額ではなく，その発生した期間に正しく割当てる必要があるからです。

経過勘定には，「前払費用」，「前受収益」，「未払費用」及び「未収収益」があります。その内容は表1のとおりです。

「前払費用」と「前受収益」は，翌期以降においてサービスの提供を受けた，もしくは提供した時点で費用又は収益となるため，(1)にあるように，当期の損益計算には含めないことになります。

「未払費用」と「未収収益」は，当期において既にサービスの提供を受けている，もしくは提供しているので，(2)にあるように，当期の損益計算に反映することになります。

なお，金額的に重要性の乏しいものについては，受け取った又は支払った期の収益又は費用として処理することも認められます。

<表1>

	内容	具体例
前払費用	決算期末においていまだ提供を受けていないサービスに対して支払った対価	前払いの支払家賃や支払保険料，支払利息等
前受収益	決算期末においていまだ提供していないサービスに対して受け取った対価	前受けの家賃収入や受取利息等
未払費用	既に提供を受けたサービスに対して，決算期末においていまだその対価を支払っていないもの	後払いの支払家賃や支払利息，従業員給料等
未収収益	既に提供したサービスに対して，決算期末においていまだその対価を受け取っていないもの	後払いの家賃収入や受取利息等

8．固定資産
(1) 固定資産は，有形固定資産（建物，機械装置，土地等），無形固定資産（ソフトウェア，借地権，特許権，のれん等）及び投資その他の資産に分類する。
(2) 固定資産は，原則として，取得原価で計上する。
(3) 有形固定資産は，定率法，定額法等の方法に従い，相当の減価償却を行う。
(4) 無形固定資産は，原則として定額法により，相当の減価償却を行う。
(5) 固定資産の耐用年数は，法人税法に定める期間等，適切な利用期間とする。
(6) 固定資産について，災害等により著しい資産価値の下落が判明したときは，評価損を計上する。

【解　説】

　固定資産は，長期間にわたり企業の事業活動に使用するために所有する資産であり，(1)にあるように，有形固定資産，無形固定資産及び投資その他の資産に分類されます。

　固定資産の取得価額は，購入金額に引取費用等の付随費用を加えて計算します。

　(2)にあるように，固定資産は，原則として，取得原価で計上します。

　建物や機械装置等の有形固定資産は，通常，使用に応じてその価値が下落するため，一定の方法によりその使用可能期間（耐用年数）にわたって減価償却

費を計上する必要があります。具体的には，(3)にあるように，定率法，定額法等の方法に従い，相当の減価償却を行うことになります。

定額法とは，毎期一定の額で償却する方法であり，定率法とは，毎期一定の率で償却する方法です。法人税法に定められた計算方法によることができます。

減価償却は，固定資産の耐用年数にわたって行います。実務上は，(5)にあるように，法人税法に定める期間を使うことが一般的です。ただし，その資産の性質，用途，使用状況等を考慮して，適切な利用期間を耐用年数とすることも考えられます。

有形固定資産と同様の考え方により，無形固定資産は，(4)にあるように，原則として定額法により，相当の減価償却を行うことになります。

「相当の減価償却」とは，一般的に，耐用年数にわたって，毎期，規則的に減価償却を行うことが考えられます。

なお，減価償却により毎期，費用を計上していても，例えば，災害にあったような場合等予測することができない著しい資産価値の下落が生じる場合があります。このような場合には，(6)にあるように，相当の金額を評価損として計上する必要があります。

9．繰延資産

(1) 創立費，開業費，開発費，株式交付費，社債発行費及び新株予約権発行費は，費用処理するか，繰延資産として資産計上する。

(2) 繰延資産は，その効果の及ぶ期間にわたって償却する。

【解　説】

繰延資産は，対価の支払いが完了し，これに対応するサービスの提供を受けたにもかかわらず，その効果が将来にわたって生じるものと期待される費用をいいます。繰延資産は，(1)にあるように，創立費，開業費，開発費，株式交付費，社債発行費及び新株予約権発行費が該当します。

これらの項目については，費用として処理する方法のほか，繰延資産として

貸借対照表に資産計上する方法も認められています。資産計上した繰延資産は，(2)にあるように，その効果の及ぶ期間にわたって償却する必要があります。具体的な償却期間は，表2のとおりです。

資産計上した繰延資産について，支出の効果が期待されなくなったときには，資産の価値が無くなっていると考えられるため，一時に費用処理する必要があります。

なお，法人税法固有の繰延資産については，会計上の繰延資産には該当しません。そのため，固定資産（投資その他の資産）に「長期前払費用」として計上することが考えられます。「法人税法固有の繰延資産」とは以下に記載するような費用で，効果が支出の日以後一年以上に及ぶものが該当します。

　イ　自己が便益を受ける公共的施設又は共同的施設の設置又は改良のために支出する費用
　ロ　資産を賃借し又は使用するために支出する権利金，立退料その他の費用
　ハ　役務の提供を受けるために支出する権利金その他の費用
　ニ　製品等の広告宣伝の用に供する資産を贈与したことにより生ずる費用
　ホ　イからニまでに掲げる費用のほか，自己が便益を受けるために支出

<表2>

繰延資産	償却期間
創立費	5年以内
開業費	
開発費	
株式交付費	3年以内
新株予約権発行費	
社債発行費	社債の償還までの期間

10. リース取引

リース取引に係る借手は，賃貸借取引又は売買取引に係る方法に準じて会計処理を行う。

【解　説】

　一般に，機器等の資産を賃借する場合，リース会社等からリースを行うケースと，例えばコピー機を短期間借り受けるケースが考えられます。本文の「リース取引」は，前者を想定しています。

　リース取引の会計処理には，賃貸借取引に係る方法と，売買取引に係る方法に準じて会計処理する方法の二種類があります。

　賃貸借取引に係る方法とは，リース期間の経過とともに，支払リース料を費用処理する方法です。

　一方，売買取引に係る方法に準じた会計処理とは，リース取引を通常の売買取引と同様に考える方法であり，金融機関等から資金の借入を行って資産を購入した場合と同様に扱うこととなります。つまり，リース対象物件を「リース資産」として貸借対照表の資産に計上し，借入金に相当する金額を「リース債務」として負債に計上することとなります。また，リース資産は，一般的に定額法で減価償却を行うこととなります。

　賃貸借取引に係る方法で会計処理を行った場合，将来支払うべき金額が貸借対照表に計上されないため，金額的に重要性があるものについては，期末時点での未経過のリース料を注記することが望ましいと考えられます。

11. 引当金

(1) 以下に該当するものを引当金として，当期の負担に属する金額を当期の費用又は損失として計上し，当該引当金の残高を貸借対照表の負債の部又は資産の部に記載する。

　　・　将来の特定の費用又は損失であること

- 発生が当期以前の事象に起因すること
- 発生の可能性が高いこと
- 金額を合理的に見積ることができること

(2) 賞与引当金については，翌期に従業員に対して支給する賞与の見積額のうち，当期の負担に属する部分の金額を計上する。

(3) 退職給付引当金については，退職金規程や退職金等の支払いに関する合意があり，退職一時金制度を採用している場合において，当期末における退職給付に係る自己都合要支給額を基に計上する。

(4) 中小企業退職金共済，特定退職金共済，確定拠出年金等，将来の退職給付について拠出以後に追加的な負担が生じない制度を採用している場合においては，毎期の掛金を費用処理する。

【解　説】

　引当金は，未払金等の確定した債務ではないものの，(1)の4つの要件を満たす場合には，財政状態を適正に表示するために，負債の計上（又は，資産からの控除）が必要であると考えられ，合理的に見積って計上することとなります。

　具体的には貸倒引当金（前掲「4．貸倒損失，貸倒引当金」参照），賞与引当金，退職給付引当金，返品調整引当金等の引当金があります。

　なお，金額的に重要性が乏しいものについては，計上する必要はありません。

<賞与引当金>

　賞与引当金については，翌期に従業員に対して支給する賞与の支給額を見積り，当期の負担と考えられる金額を引当金として費用計上します。具体的には，決算日後に支払われる賞与の金額を見積り，当期に属する分を月割りで計算して計上する方法が考えられます。なお，下記の<参考>に記載している算式は，従来，法人税法で用いられていた算式であり，これも一つの方法として考えられます。

<退職給付引当金>

　従業員との間に退職金規程や退職金等の支払いに関する合意がある場合，企業は従業員に対して退職金に係る債務を負っているため，当期の負担と考

えられる金額を退職給付引当金として計上します。

(3)にあるように,「退職一時金制度」を採用している場合には,決算日時点で,従業員全員が自己都合によって退職した場合に必要となる退職金の総額を基礎として,例えば,その一定割合を退職給付引当金として計上する方法が考えられます。

また,(4)にあるように,外部の機関に掛金を拠出し,将来に追加的な退職給付に係る負担が見込まれない制度を採用している場合には,毎期の掛金を費用として処理し,退職給付引当金は計上されません。

＜参考＞支給対象期間基準の算式

$$繰入額 = \left(前1年間の1人当たりの使用人等に対する賞与支給額 \times \frac{当期の月数}{12} - 当期において期末在職使用人等に支給した賞与の額で当期に対応するものの1人当たりの賞与支給額 \right) \times 期末の在職使用人等の数$$

---

12. 外貨建取引等

(1) 外貨建取引(外国通貨建で受け払いされる取引)は,当該取引発生時の為替相場による円換算額で計上する。

(2) 外貨建金銭債権債務については,取得時の為替相場又は決算時の為替相場による円換算額で計上する。

【解　説】

外貨建取引とは,決済が円以外の外国通貨で行われる取引をいいます。

例えば,ドル建で輸出を行った場合,ドル建の売上金額に,取引を行った時のドル為替相場を乗じて円換算し,売上高と売掛金を計上します。

この場合の,取引発生時のドル為替相場は,取引が発生した日の為替相場のほか,前月の平均為替相場等直近の一定期間の為替相場や,前月末日の為替相場等直近の一定の日の為替相場を利用することが考えられます。

また,上記のドル建の売上取引に関する売掛金が,期末時点でも残っている

場合は，貸借対照表に記載する金額は，取引を行った時のドル為替相場による円換算額か，決算日の為替相場による円換算額かのいずれかで計上します。

なお，決算日の為替相場のほか，決算日の前後一定期間の平均為替相場を利用することも考えられます。

為替予約を行っている場合には，外貨建取引及び外貨建金銭債権債務について，決済時における確定の円換算額で計上することができます。

決算日の為替相場によった場合には，取引を行った時のドル為替相場による円換算額との間に差額が生じますが，これは為替差損益として損益処理します。

---

13. 純資産
(1) 純資産とは，資産の部の合計額から負債の部の合計額を控除した額をいう。
(2) 純資産のうち株主資本は，資本金，資本剰余金，利益剰余金等から構成される。

【解　説】

純資産とは，(1)にあるように，資産の部の合計額から負債の部の合計額を控除した額をいい，そのうちの株主資本は，(2)にあるように，資本金，資本剰余金，利益剰余金等から構成されます。

資本金及び資本剰余金は，原則として，株主から会社に払い込まれた金額をいいます。資本剰余金は，会社法上，株主への分配が認められていない資本準備金と，認められているその他資本剰余金に区分されます。設立又は株式の発行に際して，株主から会社に払い込まれた金額は，資本金に計上しますが，会社法の規定に基づき，払込金額の2分の1を超えない額については，資本金に組み入れず，資本剰余金のうち資本準備金として計上することができます。

利益剰余金は，原則として，各期の利益の累計額から株主への配当等を控除した金額をいいます。利益剰余金は，会社法上，株主への分配が認められていない利益準備金と，認められているその他利益剰余金に区分されます。また，その他利益剰余金は，任意積立金と繰越利益剰余金に区分されます。

配当を行った場合，会社法の規定により一定額を資本準備金又は利益準備金

に計上する必要があります。

　各期の利益の累計額から株主への配当等を控除した金額は，繰越利益剰余金に計上されますが，株主総会又は取締役会の決議により任意積立金を設定することができます。

　また，期末に保有する自己株式は，純資産の部の株主資本の末尾に自己株式として一括して控除する形式で表示します。

14．注　　記
(1) 会社計算規則に基づき，重要な会計方針に係る事項，株主資本等変動計算書に関する事項等を注記する。
(2) 本要領に拠って計算書類を作成した場合には，その旨を記載する。

【解　説】

　決算書は，経営者が，企業の経営成績や財政状態を把握するとともに，企業の外部の利害関係者に経営成績や財政状態を伝える目的で作成しますが，貸借対照表や損益計算書の情報を補足するために，一定の注記を記載する必要があります。

　(1)に挙げられている重要な会計方針に係る事項は，有価証券や棚卸資産の評価基準及び評価方法，固定資産の減価償却の方法，引当金の計上基準等を記載します。

　株主資本等変動計算書に関する注記は，決算期末における発行済株式数や配当金額等を記載します。

　(1)で挙げられた項目以外として，会計方針の変更又は表示方法の変更もしくは誤謬の訂正を行ったときには，その変更内容等を記載します。

　また，本要領では，貸借対照表に関する注記として，「受取手形割引額及び受取手形裏書譲渡額」を注記することとしています。「未経過リース料」についても注記することが望まれます。

　その他貸借対照表，損益計算書及び株主資本等変動計算書により会社の財産

又は損益の状態を正確に判断するために必要な事項を注記します。例えば，担保資産に関する注記が考えられます。

　このほか，その企業がどのような会計ルールを適用しているかという情報は，利害関係者にとってその企業の経営成績や財政状態を判断する上で重要な情報であり，(2)にあるように，本要領に拠って計算書類を作成した場合には，その旨を記載することが考えられます。この記載は，利害関係者に対して，決算書の信頼性を高める効果も期待されます。

資料／中小企業の会計に関する検討会報告書（中間報告）

Ⅲ．様 式 集

貸 借 対 照 表
（平成○○年○月○日現在）　　　　（単位：円（又は千円））

項　　目	金　額	項　　目	金　額	
（資産の部）		（負債の部）		
Ⅰ　流動資産		Ⅰ　流動負債		
現金及び預金	○○	支払手形	○○	
①┌受取手形	○○	買掛金	○○	
└売掛金	○○	①　短期借入金	○○	
③　有価証券	○○	未払金	○○	
┌製品及び商品	○○	預り金	○○	
④│仕掛品	○○	⑤　未払費用	○○	
└原材料及び貯蔵品	○○	①　未払法人税等	○○	
①　短期貸付金	○○	⑤　前受収益	○○	
⑤┌前払費用	○○	⑧　賞与引当金	○○	
└未収収益	△○	その他	○○	
その他		流動負債合計		
②　貸倒引当金				
流動資産合計				
Ⅱ　固定資産……⑥		Ⅱ　固定負債		
（有形固定資産）		①　社　債	○○	
建　物	○○	長期借入金	○○	
構築物	○○	⑧　退職給付引当金	○○	
機械及び装置	○○	その他	○○	
工具，器具及び備品	○○	固定負債合計	○○○	
土　地	○○			
その他	○○	負　債　合　計	○○○	
（無形固定資産）	○○	（純資産の部）		
ソフトウェア	○○	Ⅰ　株主資本		
借地権	○○	資本金	○○	(A)
その他	○○	資本剰余金		
		資本準備金	○○○	(B)
		その他資本剰余金	○○○	(C)
（投資その他の資産）	○○	資本剰余金合計	○○○	
③　投資有価証券	○○	利益剰余金		
関係会社株式	○○	利益準備金	○○○	(E)
出資金	○○	その他利益剰余金	○○○	
①　長期貸付金	○○	××積立金	○○○	(F)
⑦　長期前払費用	○○	繰越利益剰余金	○○○	(G)
その他	○○	利益剰余金合計	○○○	(H)
②　貸倒引当金	△○	自己株式	△○○	(I)
固定資産合計	○○○	株主資本合計	○○○	(J)
Ⅲ　繰延資産				
⑦　開発費	○○			
繰延資産合計	○○	純資産合計	○○○	(K)
資　産　合　計	○○○	負債・純資産合計	○○○	

純資産の部(A)～(K)の表記は，株主資本等変動計算書上の(A)～(K)に対応。
表中①～⑧の表記は，本要領の目次における様式集対応勘定科目を示す。

製造原価明細書
自　平成〇〇年〇月〇日
至　平成〇〇年〇月〇日

(単位：円（又は千円））

項　　　目	金	額
売上高		〇〇〇
売上原価		〇〇〇
売上総利益		〇〇〇
販売費及び一般管理費		〇〇〇
営　業　利　益		〇〇〇
営業外収益		
受取利息	〇〇	
受取配当金	〇〇	
雑収入	〇〇	
営業外収益合計		〇〇
営業外費用		
支払利息	〇〇	
手形売却損	〇〇	
雑損失	〇〇	
営業外費用合計		〇〇
経　常　利　益		〇〇〇
特別利益		
固定資産売却益	〇〇	
投資有価証券売却益	〇〇	
前期損益修正益	〇〇	
特別利益合計		〇
特別損失		
固定資産売却損	〇〇	
災害による損失	〇〇	
特別損失合計		〇
税引前当期純利益		〇〇〇
法人税，住民税及び事業税		〇〇
当期純利益		〇〇〇　（L）

当期純利益（L）の表記は，株主資本等変動計算書上の（L）に対応。

資料／中小企業の会計に関する検討会報告書（中間報告）

【記載上の注意】
＜貸借対照表＞
1．資産の部は，流動資産，固定資産，繰延資産に区分して表示する。
2．負債の部は，流動負債，固定負債に区分して表示する。
3．純資産の部の株主資本は，資本金，資本剰余金，利益剰余金，自己株式に区分して表示する。
　資本剰余金は資本準備金とその他資本剰余金に区分する。
　利益剰余金は利益準備金とその他利益剰余金に区分する。
　「評価・換算差額等」や「新株予約権」に該当する項目がある場合は，純資産の部に記載する。
4．貸倒引当金の表示方法は3通りから選択できる。
　① 流動資産又は投資その他の資産から一括控除（様式の方法）
　② 引当の対象となった各科目（売掛金等）毎に控除し，表示
　③ 引当の対象となった各科目から直接控除し，控除額を注記
5．有価証券について
　① 以下の2つは「有価証券」として流動資産の部に計上する。
　　・売買目的有価証券
　　・事業年度の末日後1年以内に満期の到来する社債等
　② 子会社及び関連会社の株式は「関係会社株式」として固定資産の投資その他の資産の部に表示する。
　③ それ以外の有価証券については「投資有価証券」として固定資産の投資その他の資産の部に表示する。
6．有形固定資産の減価償却累計額の表示方法は3通りから選択できる。
　① 償却対象資産（建物等）から直接減額し，減価償却累計額の金額を注記（様式の方法）
　② 各償却対象資産を取得原価で表示し，各科目の下に減価償却累計額を控除形式で表示
　③ 各償却対象資産を取得原価で表示し，有形固定資産の最下行に一括控除形式で表示
7．リース取引を売買取引に係る方法に準じて処理する場合には，資産の部の固定資産に「リース資産」を計上し，負債の部に「リース債務」を計上する。
＜損益計算書＞
　損益計算書は売上高，売上総利益（又は売上総損失），営業利益（又は営業損失），経常利益（又は経常損失），税引前当期純利益（又は税引前当期純損失），及び当期純利益（又は当期純損失）を表示する。
＜附属明細書＞
　計算書類に係る附属明細書としては，有形固定資産及び無形固定資産の明細，引当金の明細，販売費及び一般管理費の明細等を作成する。
　※　貸借対照表，損益計算書，株主資本等変動計算書，附属明細書の作成に際しては，企業の実態に応じて，適宜勘定科目等を加除・集約することができる。

株主資本等変動計算書
自 平成〇〇年〇月〇日
至 平成〇〇年〇月〇日

※ 純資産の各項目を縦に並べる様式

(単位:円 (又は千円))

	株主資本										純資産合計
	資本金	資本剰余金			利益剰余金				自己株式	株主資本合計	
		資本準備金	その他資本剰余金	資本剰余金合計	利益準備金	その他利益剰余金		利益剰余金合計			
						××積立金	繰越利益剰余金				
当期首残高	〇〇	〇〇〇	〇〇〇	〇〇〇	〇〇〇	〇〇〇	〇〇〇	〇〇〇	△〇〇	〇〇〇	〇〇〇
当期変動額											
新株の発行	〇〇	〇〇〇		〇〇〇						〇〇〇	〇〇〇
剰余金の配当							△〇〇〇	△〇〇〇		△〇〇〇	△〇〇〇
剰余金の配当に伴う利益準備金の積立て					〇〇		△〇〇	〇〇		〇〇	〇〇
当期純利益							〇〇〇 (L)	〇〇〇		〇〇〇	〇〇〇
自己株式の処分 ××××									〇〇	〇〇	〇〇
当期変動額合計	〇〇	〇〇〇	-	〇〇〇	〇〇	-	〇〇〇	〇〇〇	〇〇	〇〇〇	〇〇〇
当期末残高	〇〇 (A)	〇〇〇 (B)	〇〇〇 (C)	〇〇〇 (D)	〇〇 (E)	〇〇〇 (F)	〇〇〇 (G)	〇〇〇 (H)	△〇〇 (I)	〇〇〇 (J)	〇〇〇 (K)

(注) 当期変動額は、株主資本の各項目の変動事由ごとに変動額と変動事由を明示します。
表記(A)～(L)は、貸借対照表上の純資産の部(A)～(K)、損益計算書上の当期純利益(L)に対応。

資料／中小企業の会計に関する検討会報告書（中間報告）

株主資本等変動計算書書
自　平成〇〇年〇月〇日　　※　純資産の各項目を縦に並べる様式
至　平成〇〇年〇月〇日

（単位：円（又は千円））

株主資本				
	資本金	当期首残高		〇〇
		当期変動額	新株の発行	〇〇
		当期末残高		〇〇（A）
	資本剰余金			
		資本準備金	当期首残高	〇〇〇
			当期変動額　新株の発行	〇〇〇
			当期末残高	〇〇〇（B）
		その他資本剰余金	当期首残高及び当期末残高	〇〇〇（C）
		資本剰余金合計	当期首残高	〇〇〇
			当期変動額	〇〇〇
			当期末残高	〇〇〇（D）
	利益剰余金			
		利益準備金	当期首残高	〇〇〇
			当期変動額　剰余金の配当に伴う利益準備金の積立て	〇〇
			当期末残高	〇〇〇（E）
		その他利益剰余金		
		××積立金	当期首残高及び当期末残高	〇〇〇（F）
		繰越利益剰余金	当期首残高	〇〇〇
			当期変動額　剰余金の配当	△〇〇〇
			剰余金の配当に伴う利益準備金の積立て	△〇〇
			当期純利益	〇〇〇（L）
			当期末残高	〇〇〇（G）
		利益剰余金合計	当期首残高	〇〇〇
			当期変動額	〇〇〇
			当期末残高	〇〇〇（H）
	自己株式	当期首残高		△〇〇
		当期変動額	自己株式の処分	〇〇
		当期末残高		△〇〇（I）
	株主資本合計	当期首残高		〇〇〇
		当期変動額		〇〇〇
		当期末残高		〇〇〇（J）
純資産合計		当期首残高		〇〇〇
		当期変動額		〇〇〇
		当期末残高		〇〇〇（K）

（注）　当期変動額は，株主資本の各項目の変動事由ごとに変動額と変動事由を明示します。
　　　　表記（A）～（L）は，貸借対照表上の純資産の部（A）～（K），損益計算書上の当期純利益（L）に対応。

個 別 注 記 表
自 平成○○年○月○日 至 平成○○年○月○日

1．この計算書類は，「中小企業の会計に関する基本要領」によって作成しています。
2．重要な会計方針に係る事項に関する注記
　(1) 資産の評価基準及び評価方法
　　① 有価証券の評価基準及び評価方法
　　　総平均法による原価法を採用しています。
　　② 棚卸資産の評価基準及び評価方法
　　　総平均法による原価法を採用しています。
　(2) 固定資産の減価償却の方法
　　① 有形固定資産
　　　定率法（ただし，平成10年4月1日以降に取得した建物（附属設備を除く）は定額法）を採用しています。
　　② 無形固定資産
　　　定額法を採用しています。
　(3) 引当金の計上基準
　　① 貸倒引当金　　債権の貸倒れによる損失に備えるため，一般債権について法人税法の規定に基づく法定繰入率により計上しています。
　　② 賞与引当金　　従業員の賞与支給に備えるため，支給見込額の当期負担分を計上しています。
　　③ 退職給付引当金　従業員の退職給付に備えるため，決算日において，従業員全員が自己都合によって退職した場合に必要となる退職金の総額の％を計上しています。
　(4) その他計算書類作成のための基本となる重要な事項
　　① リース取引の処理方法
　　　リース取引については，賃貸借取引に係る方法により，支払リース料を費用処理しています。
　　　なお，未経過リース料総額は，円（又は千円）であります。
　　② 消費税等の会計処理
　　　消費税等の会計処理は，税抜方式（又は税込方式）によっています。
3．貸借対照表に関する注記
　(1) 有形固定資産の減価償却累計額　　　○○○円（又は千円）
　(2) 受取手形割引額　　　　　　　　　　○○○円（又は千円）
　(3) 受取手形裏書譲渡額　　　　　　　　○○○円（又は千円）
　(4) 担保に供している資産及び対応する債務　建　　　物　　○○○円（又は千円）
　　　　　　　　　　　　　　　　　　　　　土　　　地　　○○○円（又は千円）
　　　　　　　　　　　　　　　　　　　　　長期借入金　　○○○円（又は千円）
4．株主資本等変動計算書に関する注記
　(1) 当事業年度の末日における発行済株式の数　　　　　○○○株
　(2) 当事業年度の末日における自己株式の数　　　　　　○○○株
　(3) 当事業年度中に行った剰余金の配当に関する事項
　　　平成年月日の定時株主総会において，次の通り決議されました。
　　　　　　配当金の総額　　　　○○○円（又は千円）
　　　　　　配当の原資　　　　　利益剰余金
　　　　　　一株当たりの配当額　○円
　　　　　　基準日　　　　　　　平成○○年○月○日
　　　　　　効力発生日　　　　　平成○○年○月○日
　(4) 当事業年度の末日後に行う剰余金の配当に関する事項
　　　平成年月日開催予定の定時株主総会において，次の通り決議を予定しています。
　　　　　　配当金の総額　　　　○○○円（又は千円）
　　　　　　配当の原資　　　　　利益剰余金
　　　　　　一株当たりの配当額　○円
　　　　　　基準日　　　　　　　平成○○年○月○日
　　　　　　効力発生日　　　　　平成○○年○月○日

製造原価明細書
自　平成〇〇年〇月〇日
至　平成〇〇年〇月〇日

(単位：円（又は千円))

項　　　　目	金　　額
Ⅰ　材　料　費	〇〇〇
期首材料棚卸高（＋）	〇〇〇
材料仕入高（＋）	〇〇〇
期末材料棚卸高（－）	〇〇〇
Ⅱ　労　務　費	〇〇〇
従業員給与	〇〇〇
従業員賞与	〇〇〇
従業員退職金	〇〇〇
法定福利費	〇〇〇
福利厚生費	〇〇〇
Ⅲ　経　　　費	〇〇〇
外注加工費	〇〇〇
水道光熱費	〇〇〇
消耗工具器具備品費	〇〇〇
租　税　公　課	〇〇〇
減価償却費	〇〇〇
修　繕　費	〇〇〇
保　険　料	〇〇〇
賃　借　料	〇〇〇
研究開発費	〇〇〇
そ　の　他	〇〇〇
当期製造費用　計	〇〇〇
期首仕掛品棚卸高（＋）	〇〇〇
合　計	〇〇〇
期末仕掛品棚卸高（－）	〇〇〇
他勘定振替高（－）	〇〇〇
当期製品製造原価	〇〇〇

販売費及び一般管理費の明細
自　平成年月日
至　平成年月日

（単位：円（又は千円））

項　　　　目	金　　額
販　売　手　数　料	○○○
荷　　造　　費	○○○
運　　搬　　費	○○○
広　告　宣　伝　費	○○○
見　　本　　費	○○○
保　　管　　費	○○○
役　員　報　酬	○○○
役　員　賞　与	○○○
役　員　退　職　金	○○○
従　業　員　給　与	○○○
従　業　員　賞　与	○○○
従　業　員　退　職　金	○○○
法　定　福　利　費	○○○
福　利　厚　生　費	○○○
交　　際　　費	○○○
旅　費　交　通　費	○○○
通　　勤　　費	○○○
通　　信　　費	○○○
水　道　光　熱　費	○○○
事　務　用　消　耗　品　費	○○○
消　耗　工　具　器　具　備　品　費	○○○
租　　税　　公　　課	○○○
図　　書　　費	○○○
減　価　償　却　費	○○○
修　　繕　　費	○○○
保　　険　　料	○○○
賃　　借　　料	○○○
寄　　付　　金	○○○
研　究　開　発　費	○○○
そ　　の　　他	○○○
合　　　計	○○○

執筆者紹介

●**中島　孝一**（なかじま　こういち）
東京生まれ。現在，東京税理士会・会員相談室相談員，日本税務会計学会・常任委員。
税理士法人平川会計パートナーズ・社員税理士。
著書等　「平成24年度　税制改正の実務の徹底対策」（日本法令・共著）
　　　　「資産をめぐる複数税目の実務」（新日本法規・共著）
　　　　「事業承継法制＆税制のベクトル」（税務経理協会・共著）
　　　　「新しい信託の活用と税務・会計」（ぎょうせい・共著）
　　　　「租税基本判例80」（日本税務研究センター・共著）他
事務所　税理士法人平川会計パートナーズ（千代田本部）

●**西野道之助**（にしの　みちのすけ）
東京生まれ。中央大学経済学部卒業。税理士法人平川会計パートナーズ・社員税理士。
日本税務会計学会委員（会計部門）
著書等　「平成24年度　税制改正の実務の徹底対策」（日本法令・共著）
　　　　「資産をめぐる複数税目の実務」（新日本法規・共著）
　　　　「税務疎明辞典＜法人編＞＜資産税編＞＜クロスセクション編＞」（ぎょうせい・共著）
　　　　「新しい中小企業の退職金」（税務経理協会・共著）他
事務所　税理士法人平川会計パートナーズ（上野本社）

●**岡本　博美**（おかもと　ひろみ）
東京生まれ。税理士法人平川会計パートナーズ・社員税理士。
著書等　「平成24年度　税制改正の実務の徹底対策」（日本法令・共著）
　　　　「財産価格証明の手引」（新日本法規・共著）
　　　　「税務疎明辞典＜資産税編＞」（ぎょうせい・共著）他
事務所　税理士法人平川会計パートナーズ（千代田本部）

●**飯塚　正幸**（いいつか　まさゆき）
茨城生まれ。法政大学経営学部卒業。税理士法人平川会計パートナーズ・税理士。
著書等　「平成24年度　税制改正の実務の徹底対策」（日本法令・共著）
　　　　「資産をめぐる複数税目の実務」（新日本法規・共著）
　　　　「税務疎明辞典＜資産税編＞＜クロスセクション編＞」（ぎょうせい・共著）
　　　　「業種別税務・会計実務処理マニュアル」（新日本法規・共著）他
事務所　税理士法人平川会計パートナーズ（上野本社）

●**佐々木　京子**（ささき　きょうこ）
東京生まれ。学習院大学経済学部卒業。税理士法人平川会計パートナーズ・税理士。
著書等　「平成24年度　税制改正の実務の徹底対策」（日本法令・共著）
　　　　「資産をめぐる複数税目の実務」（新日本法規・共著）
　　　　「税務疎明辞典＜資産税編＞＜クロスセクション編＞」（ぎょうせい・共著）
　　　　「中小企業会計指針の入門Ｐ＆Ａ」（税務経理協会・共著）
事務所　税理士法人平川会計パートナーズ（上野本社）

監修者紹介

平川　忠雄（ひらかわ　ただお）

東京生まれ。中央大学経済学部卒業。日本税理士会連合会理事，同税制審議委員，東京税理士会常務理事などを歴任。現在，中央大学経理研究所講師，日本税務会計学会会長，日本税務研究セミナー研究員，日本税理士会全国統一研修会講師。

公的審議委員として経済産業省，中小企業庁，国土交通省，税制調査会，日本商工会議所，東京商工会議所等の委員を務める。税理士法人平川会計パートナーズ代表社員として，企業や個人に対するタックス・プランニングの指導などコンサルタント業務に従事する。

著書等：「相続時精算課税制度の徹底解説」，「金融資産課税はこんなに変わる」，「企業組織再編税制の実務」，「外形標準課税の問題点」，「減資の税務と登記手続」ほか多数。

■税理士法人　平川会計パートナーズ（千代田本部）
〒101—0021　東京都千代田区外神田6丁目9番6号
ホームページ　http://www.hirakawa-tax.co.jp

監修者・編著者との契約により検印省略

平成24年4月1日　初版第1刷発行　　中小企業の会計要領と実務

監修者　平　川　忠　雄
編著者　平川会計パートナーズ
著　者　中　島　孝　一
発行者　大　坪　嘉　春
印刷所　税経印刷株式会社
製本所　株式会社　三森製本所

発行所　〒161-0033　東京都新宿区下落合2丁目5番13号　　株式会社 税務経理協会
振　替　00190-2-187408　　　電話　(03)3953-3301（編集部）
ＦＡＸ　(03)3565-3391　　　　　　　　(03)3953-3325（営業部）
URL　http://www.zeikei.co.jp/
乱丁・落丁の場合は，お取替えいたします。

© 平川忠雄・中島孝一他　2012　　　　　　　　Printed in Japan

本書を無断で複写複製（コピー）することは，著作権法上の例外を除き，禁じられています。
本書をコピーされる場合は，事前に日本複写権センター（ＪＲＲＣ）の許諾を受けてください。
JRRC〈http://www.jrrc.or.jp　eメール：info@jrrc.or.jp　電話：03-3401-2382〉

ISBN978-4-419-05780-0　C3034